乡村振兴战略之人才振兴系列
乡村主播培训精品教材

农产品
短视频+直播

郑海光　刘振宁　韩吉林 ◎ 主编

- 直播带货　共同富裕
- 助力农民　增收致富

中国农业科学技术出版社

图书在版编目（CIP）数据

农产品短视频+直播 / 郑海光，刘振宁，韩吉林主编. —北京：中国农业科学技术出版社，2020.8

ISBN 978-7-5116-4918-8

Ⅰ. ①农… Ⅱ. ①郑… ②刘… ③韩… Ⅲ. ①农产品—网络营销 Ⅳ. ①F724.72

中国版本图书馆 CIP 数据核字（2020）第 144233 号

责任编辑	崔改泵
责任校对	李向荣
出 版 者	中国农业科学技术出版社
	北京市中关村南大街12号　邮编：100081
电　　话	（010）82109194（编辑室）　（010）82109702（发行部）
	（010）82109709（读者服务部）
传　　真	（010）82106650
网　　址	http://www.castp.cn
经 销 者	各地新华书店
印 刷 者	北京富泰印刷有限责任公司
开　　本	710mm×1 000mm　1/16
印　　张	11.25
字　　数	202千字
版　　次	2020年8月第1版　2020年12月第2次印刷
定　　价	59.00元

版权所有·翻印必究

《农产品短视频+直播》编委会

主　　编：郑海光　刘振宁　韩吉林

副主编：侯　杰　伍艺宁　张永清　王有军　裴有斌
　　　　王雪敏　张佳东　孙有宝　高建梅　杨树宝
　　　　陈少飞　闫海莉　任丽琴　雷艳宁

编　　委：刘　杰　靳玉峰　姚文苗　郑海光　刘振宁
　　　　韩吉林　侯　杰　伍艺宁　张永清　王有军
　　　　裴有斌　王雪敏　张佳东　孙有宝　高建梅
　　　　杨树宝　陈少飞　闫海莉　任丽琴　雷艳宁

前 言
PREFACE

中国是农业大国，农民是农业的主要生产力。对农民、农村重视就是对国家农业发展和经济基础的重视。没有农业农村现代化，就没有整个国家的现代化。因此，在党的十九大报告中首次提出实施乡村振兴战略以来，习近平同志就乡村振兴战略、"三农"工作等发表了一系列重要论述。这些论述是习近平新时代中国特色社会主义思想的重要组成部分，为新时代坚持农业农村优先发展、做好"三农"工作提供了思想指导和行动指南。

2020年《中共中央国务院关于抓好"三农"领域重点工作确保如期实现全面小康的意见》发布，这是21世纪以来第17个指导"三农"工作的中央一号文件。该文件对坚持农业农村优先发展、做好"三农"工作全面部署，强调"各级党委和政府要深入学习贯彻习近平总书记关于'三农'工作的重要论述"，"坚定信心、锐意进取、埋头苦干、扎实工作……为决胜全面建成小康社会、实现第一个百年奋斗目标作出应有的贡献。"

2019年7月12日，全国乡村振兴推进会在江苏省扬州市召开，中共中央政治局委员、国务院副总理胡春华出席会议并讲话。他强调，要深入贯彻习近平总书记关于"三农"工作的重要论述，按照党中央、国务院决策部署，紧紧围绕农村一二三产业融合发展，加快构建乡村产业体系，夯实乡村全面振兴的物质基础。胡春华指出，发展乡村产业是促进乡村振兴的根本所在，要在做大做强农业的基础上，大力发展依托农业农村资源的二、三产业，把农业产业链延伸的增值收益和就业创业机会尽量留给农民。要大力推进乡村产业高质量发展，把提高产品质量摆在重中之重的位置，全面改造和提升乡村产业的生产经营体系，加快健全产品质量安全监管和检验检测体系。要坚持走市场化的发展路子，加强食品等最终消费产品研究开发，加快健全乡村流通体系，以市场最终消费需求倒逼农业转型升级。要立足资源禀赋打造主导产业，因地制宜确定乡村产业发展主攻方向，积极推进大宗农产品加工流通规模化、标准化发展，大力推进特色产业发展，加快发展地理标志产品。要充分发挥农民主体作用，引导返乡下乡人员和工商资本积极参与乡村产业发展，立足县域统筹规划发展布局，全面加大支持保障力度，推进乡村产业振兴不断取得新成效。

那么，如何有效带动贫困群众增收，助推脱贫攻坚呢？电商扶贫可以说是助力脱贫攻坚、为产业振兴加速的一个重要抓手。

说起电商，当下最火的当属短视频与直播了，由此也催生了一大批"网红"。看到短视频和直播的日渐火热，不少农民纷纷拿起手机拍段子、做直播。他们与手机屏幕前的观众分享精彩的视频、推销自己的农产品。他们不像其他行业的主播一样打扮精致，而是衣着朴素地向人们展示乡村的秀美山川、土特产品以及农村独特的风俗和生活日常，从而吸引了大量粉丝（注：粉丝是英文fans的谐音，指运动、电影等爱好者，现在常指一个艺人所拥有的支持他、喜欢他的人，本书中指关注短视频或直播博主账号的其他人及账号），不仅推销了自己，也带火了"三农"。

可以说，农民"网红"带火"三农"正是"互联网+农业"催生出的农业电商的新业态，给农民带来了实实在在的好处，带领不少农民脱贫致富，成为乡村振兴一道别样风景。

本书主要围绕"短视频+直播"来进行农产品网络营销的分析，具有如下特色。

一、内容全面，详略得当

本书先是通过宏观角度分析农产品"短视频+直播"的网络营销模式，然后从微观方面入手，详细介绍了短视频平台的选择、短视频内容定位、短视频拍摄、网络直播的流程、粉丝运营、变现或盈利攻略、数据评估，内容层层递进，对短视频营销中的各个方面进行了具体分析，舍弃了无实际应用意义的内容，详略得当，更具实用性。

二、图文结合，便于理解

本书的一大特色便是采用"图+文"的呈现方式，直观明了，易于理解，可读性强。同时，书中运用大量的图片与表格来呈现内容的逻辑关系，以便读者理解。

三、案例丰富，实用性强

本书通过分析大量的案例，让读者全面了解农产品短视频营销的精髓。此外，本书还为读者提供了原因分析、注意事项等，使读者花费较少的精力掌握短视频内容制作的技巧，对读者创建短视频团队有一定的借鉴意义。

本书在编写的过程中，引用、参考了不少专家、学者的观点和许多博主的各类材料，在此向诸位同仁表示衷心的感谢。为了广大农民朋友更直观地参考优秀短视频和向优秀博主学习，书中引用了一些视频的截图和人物形象的图片，恳请这些优秀短视频的作者、优秀博主及被引用形象者理解我们为农民朋友服务的初心，这些引用也方便读者查找、关注和甄别账号，也会在客观上宣传这些视频和博主及人物，抱歉未能一一告知，希望大家支持本书的出版。由于编者知识水平有限，书中难免有疏漏之处，恳请广大读者批评、指正。

编 者

目 录
CONTENT

项目一 "短视频+直播"：农产品营销的黄金时代来临
  任务一 农产品网络营销与乡村振兴 …………………………………… 2
  任务二 短视频行业发展的概述 ………………………………………… 6
  任务三 短视频爆红背后的心理学基础 ……………………………… 11
  任务四 网络直播的发展与制约 ……………………………………… 16
  任务五 "短视频+直播"助力脱贫攻坚战 ………………………… 24

项目二 短视频平台的选择
  任务一 抖　音 …………………………………………………………… 30
  任务二 快　手 …………………………………………………………… 34
  任务三 微　视 …………………………………………………………… 37
  任务四 秒　拍 …………………………………………………………… 39
  任务五 火　山 …………………………………………………………… 42

项目三 短视频内容定位
  任务一 内容方向定位 …………………………………………………… 46
  任务二 展现形式定位 …………………………………………………… 57
  任务三 持续产出能力 …………………………………………………… 61
  任务四 短视频内容创意策划 …………………………………………… 68

项目四 视频拍摄
  任务一 拍摄的准备工作 ………………………………………………… 72
  任务二 拍摄的功能选择 ………………………………………………… 76

  任务三 拍摄流程…………………………………………… 81
  任务四 拍摄技巧…………………………………………… 87
  任务五 视频发布…………………………………………… 92

项目五 网络直播的流程
  任务一 申请账号…………………………………………… 98
  任务二 设置昵称和头像…………………………………… 100
  任务三 精准定位…………………………………………… 103
  任务四 精选素材…………………………………………… 105
  任务五 直播卖货…………………………………………… 107
  任务六 如何通过网络直播赚钱…………………………… 110

项目六 粉丝运营
  任务一 互动涨粉…………………………………………… 120
  任务二 煽情涨粉…………………………………………… 127
  任务三 推广涨粉…………………………………………… 131
  任务四 如何增强粉丝黏性………………………………… 134

项目七 盈利攻略
  任务一 广告盈利…………………………………………… 140
  任务二 内容盈利…………………………………………… 144
  任务三 平台盈利…………………………………………… 147

项目八 数据评估
  任务一 内容评估…………………………………………… 158
  任务二 效果评估…………………………………………… 163

主要参考文献……………………………………………………… 169

项目一

"短视频+直播":
农产品营销的黄金时代来临

党的十九大报告提出实施乡村振兴战略,加快推进农业农村现代化。这一方面表明了"三农"问题在党中央工作中占据的重要地位,另一方面也为实现农业农村现代化指明了方向。那么,如何在网络时代利用当前流行的短视频和直播平台,实现乡村振兴,加快推进农业农村现代化呢?本项目主要介绍了短视频行业发展特点、发展态势、发展困境及对策,短视频爆红背后的心理学基础,网络直播的发展历程与趋势,农产品网络营销与乡村振兴,等等。

任务一　农产品网络营销与乡村振兴

我国是农业大国，重农固本是安民之基、治国之要。没有农业农村现代化，就没有整个国家现代化。党的十九大报告提出了实施乡村振兴战略，加快推进农业农村现代化。

 乡村振兴战略

"乡村振兴战略是党的十九大提出的一项重大战略，是关系全面建设社会主义现代化国家的全局性、历史性任务，是新时代'三农'工作总抓手。"习近平总书记在主持中共中央政治局第八次集体学习时，站在党和国家事业发展全局的高度，深入阐释了实施乡村振兴战略的重大意义和深刻内涵，对实施乡村振兴战略作出了重点部署，为我们做好新时代"三农"工作，促进农业全面升级、农村全面进步、农民全面发展提供了指导。

深入推进乡村振兴战略要把握好以下两个关键点。

（一）提振信心

实现乡村振兴，最核心的是人，人要有信心、有干劲，乡村振兴才有希望。这个信心来自以习近平同志为核心的党中央的坚强领导，来自习近平新时代中国特色社会主义思想的正确指引。党的十九大将实施乡村振兴战略确立为贯彻新发展理念的有机组成部分。可以说，乡村振兴战略既是建设现代化经济体系的重要基础、建设美丽中国的关键举措，也是传承中华传统文化的有效途径、健全现代社会治理格局的固本之策，更是实现全体人民共同富裕的必然选择、决胜全面建成小康社会的必由之路。

（二）产业兴旺

实现乡村振兴的另一关键点是产业要振兴。2018年习近平总书记在全国两会期间参加山东代表团审议时强调，要推动乡村产业振兴、人才振兴、文化振兴、生态振兴、组织振兴。产业振兴摆在"五个振兴"的第一位，是因为产业

项目一
"短视频+直播"：农产品营销的黄金时代来临

振兴是乡村振兴的基础。乡村振兴首先要解决的是农民的"钱袋子"问题，也就是要让农民富裕起来。要解决这个问题必须实现乡村产业振兴，只有产业振兴才能够使农民收入提高。2018年中央一号文件明确提出"乡村振兴，产业兴旺是重点。"振兴产业，可以说是"三农"工作的重中之重。只有产业振兴，"农业强"的基本目标才会落到实处；只有产业兴旺，才能增强乡村吸引力，促进资本、人才等各类要素向乡村聚集，"农村美"的物质基础才会不断夯实；只有产业发展，才能激活经济、富裕农民、繁荣乡村，"农民富"的根本目标才会得以实现。把产业振兴作为实现乡村振兴的首要与关键，促进农业提质增效，推进品牌建设，做大做强农业特色优势产业，实施乡村旅游带动乡村经济发展，全力为新时代乡村振兴打牢坚实基础。

【温馨提示】

到2020年，乡村振兴取得重要进展，制度框架和政策体系基本形成；
到2035年，乡村振兴取得决定性进展，农业农村现代化基本实现；
到2050年，乡村全面振兴，农业强、农村美、农民富全面实现。

农产品网络营销

（一）为什么要进行农产品网络营销

1. 有利于农产品顺利实现产、供、销，让农民拥有更多价格话语权

农产品网络营销是实现乡村振兴的必要手段。由于农民对农产品市场行情和需求情况了解较少，存在明显的信息不对称和滞后效应，因此增加了他们在农产品交易过程中的风险和不确定性，不能享受农产品增值带来的好处，农业增产不增收的事常有发生。而农产品网络营销给农民多了一个获取信息的平台和渠道，借助它能实现与客户的沟通获取市场需求信息，促使农民不断提高自己的生产水平和知识水平，既完成市场信息的收集与交换，减少不对称信息的比重，也顺利实现产品的产、供、销一体化，同时拥有更多的价格话语权。

2. 促进农村剩余劳动力高效就业

农村劳动力供给存在不连续性的特征，尤其近些年农产品价格上涨，很多农民回到农村重新从事农业生产，但难以实现劳动力的规模供给，网络营销将有利于反映高素质农村劳动力就业信息，进而为农村劳动力的有序流动创造条件，从而增加不同层次农村劳动力的就业机会，实现高效就业。

3. 能有效降低各种成本，提高效益

农民在购买生产资料或出售农产品之前，可以通过网络进行价格比对，选择最合适的交易者，同时可以帮助经营者或生产者及时获得管理信息、生产技术信息。生产者和经营者可以在网上签订种子、化肥及产品的供销合同。农民还可以在网上通过集体采购、招标等手段来降低生产成本。

此外，通过互联网信息交换可以获得市场信息、法律法规、虫害预警、技术信息等，这些信息都有助于降低生产成本和生产风险。同时，交易双方信息可以共享，减少中间环节由于信息不对称而带来的损失。

4. 有利于促进农业技术支持和辅导

我国农业的分散经营给农业技术支持和辅导工作带来很大的难度，而缺乏技术支持和技术服务的农业生产，往往消耗了大量的生产资料，且质量不高，收益很少。因为不能及时获取农业灾害预警信息而无法提前采取防范措施，往往损失惨重。如果灾后不能及时采取补救措施，损失很难得到有效弥补。利用网络营销辅之以技术人员的指导，有可能建立相应的技术服务网络体系，以快捷、有效的方式对农户进行技术服务。提高农户对农用技术掌握和运用程度，使农业生产得到全过程的监控和指导，提高科技在农业生产中的作用。

此外，网络营销还能给农村文化输入新鲜血液，带来创新的元素，开拓农民视野，缩小农村和城市的文化消费差距。

（二）网络营销有助破解"三农"难题

1. 降低农业生产风险

绝大多数农民从事农业生产，往往并不是以市场需求为导向，更多的是一种习惯性生产行为。这种习惯性行为导致的往往是不了解市场需求状况，造成需求与供给之间的矛盾，给农业生产带来了极大的农业生产风险。网络营销的应用能够让农业生产者准确、实时了解市场动态信息，了解市场需求状况，为农业生产者降低农业生产风险，合理组织生产。以避免因产量和价格的巨大波动带来的效益不稳定，降低农业生产风险。

2. 降低农产品交易成本

传统农产品供应链环节较长，从农业生产者到消费者环节较多，导致农产品在储运、加工和销售环节中的成本过高。网络营销将农产品直接推向市场，拓展了传统交易方式的同时简化了供应链环节，降低了农产品交易成本。

3. 增加了农业收入

受时空的限制，农产品的销售渠道比较单一，一般都销往本地农贸市场（图1-1），或者等待上门采购。对于农业生产而言，网络营销突破了时空的限制，降低了交易信息的不对称程度，使交易主体多元化，拓宽农产品的销售渠道。销售渠道的多元化，提升了农民销售农产品价格，增加了农民收入。

但从根本上来看，网络营销不仅提升了农民收益，更重要的是，将推动农业、农村现代化进程，进而减少城乡差距，在增进社会稳定等方面起到重要作用。

图1-1 农产品销售渠道单一

（三）各级政府对农产品网络营销的重视

各级政府对于农产品网络营销越来越重视。2012年年底，商务部发布《关于加快推进鲜活农产品流通创新的指导意见》，提出要鼓励利用互联网、物联网等现代信息技术，发展线上线下相结合的鲜活农产品网上批发和网上零售；2014年，中共中央、国务院印发《关于全面深化农村改革加快推进农业现代化的若干意见》，提出要启动农村流通设施和农产品批发市场信息化提升工程，加强农产品电子商务平台建设；2017年，中共中央办公厅、国务院办公厅印发了《关于创新体制机制推进农业绿色发展的意见》；2018年，中共中央、国务院印发了《国家乡村振兴战略规划（2018—2022年）》，为实施乡村振兴战略拟定了时间表、路线图；2019年，农业农村部办公厅印发《农业绿色发展先行先试支撑体系建设管理办法（试行）》，切实加强国家农业绿色发展先行区建设。除了中央层面政策上的关注，各个省份也出台了多部地方政策来助力当地农产品网络营销的发展。

任务二　短视频行业发展的概述

相对于其他形式的网络营销而言，短视频营销会给消费者一种更加立体的形象。所以，如果人们想将网络推广深入人心，那么短视频的表现方式是十分必要的。根据相关机构统计数据显示，短视频行业在2018年7月的月活跃用户数量（Monthly Active Users，MAU）达5.08亿，同比增长高达79.5%。另外，在移动互联网用户使用总时长中，短视频用户使用时长占了9.2%，成为所有细分行业中的第三名。走过了潜伏期、成长期的短视频行业，如今已经进入了内容合规建设的爆发期，成为流量的新高地。一时之间，短视频行业的发展如火如荼。

一、短视频的影响力

如今的短视频是建立在碎片化的基础上而出现的，用户只需要动一动手指来点击查看十几秒的视频内容，本应是通过抢占用户的碎片化时间来获取流量。然而使用过短视频的用户可以发现，很多人一看就根本停不下来，短视频类App也因此从各大社交软件中抢占了大量用户。那么，短视频的影响力何在？为何能抢占如此多的用户呢？其原因主要体现在以下几个方面。

（一）红人指数的运营参考

红人指数是指在一些专业的视频软件、网站中，用户在30天之内所发布的视频的数量等指标，属于定期性质。红人指数是用来衡量视频博主本身的运营能力以及用户活力的重要指标，同时也是短视频平台活跃度的根本体现。只有

项目一
"短视频+直播"：农产品营销的黄金时代来临

不断更新内容，才能吸引更多的用户，短视频软件也会因此而快速传播出去，实现良性循环。而以红人指数作为指标，短视频平台所创作的内容远远比其他平台要多，因此更具吸引力。

（二）机器算法

微信朋友圈或者是公众号所发布的内容基本上属于"订阅式"，看多了短视频爆红背后的技术及心理学基础同样类型的内容之后，用户会逐渐失去新鲜感，而微博的"半订阅式"内容推送也同样让用户逐渐失去耐心。在碎片化的时间下，用户越来越渴望能够迅速获取自己想看的内容。

短视频平台定位于细分领域用户群，同时利用算法的优势来打磨产品，进而吸引用户不断观看自己所感兴趣的内容，占据用户时间，成就了短视频平台稳固的流量模式。

【温馨提示】

当红的短视频平台以抖音、快手为首，二者都是基于算法而形成的"千人千面"内容推送体系，对用户进行精准推送，因此用户所看到的内容基本是他自己想要看到的。

（三）内容大众化、随机性

与晦涩难懂的内容相比，短视频中的大部分内容属于调剂品，既简单直白、又搞笑接地气，总体而言比较大众化，对于各大群体都具备一定的吸引力。对此，有的网友认为："毕竟如今工作生活压力大，真正具有幽默感的人越来越少，我们需要这种简单的刺激，让我们一下子兴奋起来，乐呵起来，而且能让人觉得自己在被人关注，又在给别人带去欢乐。"

此外，短视频内容具备随机性，这是大多数年轻人喜欢的属性。这种随机性能够形成短视频的无限可能，短视频会因为这种随机性而不断开发新的玩法，并且寻求新的突破，让用户获得更多惊喜。

（四）满足了用户展示自我的需求

在使用短视频的用户群体中，以"90后"用户为主，同时"00后"也占

农产品短视频+直播

了相当大的比例，这类年轻用户在思想性格上比较自我，往往希望能够通过表现来获取关注度以及认可，而短视频平台在一定程度上是迎合了这类群体的心理，自然能够获得用户的青睐。

除此之外，有的短视频下面会设置评论功能，不少用户虽然自己不发内容，但是会在别人的视频下评论留言"求翻""翻我"等，以此来展示自己，有时候甚至会出现"短视频内容本身不够火，但是评论火了"的情况。

各大互联网巨头无一不是在吸引用户的注意力，进而争抢用户。短视频所具备的特质满足了大部分用户娱乐放松和展示自我的需求，占据了用户的时间后自然能够开辟新的"战场"，这也就是短视频能够迅速在互联网市场站稳脚跟，并抢占大量用户的原因。

案例链接

2018年5月31日，当电商们为即将开始的"6·18"大战投入大量资金做宣传时，账号名为"我是马小坏"的视频博主已经在微头条上庆祝胜利了——"马小坏"凭借短视频在4个小时之内卖光了500千克的无公害甜玉米，如图1-2所示。农产品短视频的影响力由此可见一斑。

图1-2 "我是马小坏"短视频卖玉米

项目一　"短视频+直播"：农产品营销的黄金时代来临

二 短视频行业发展

（一）短视频行业发展特点

在互联网市场上，逐渐有了短视频的立足之地，且这一内容形式正逐渐取代图文，成为用户最多、最受欢迎的形式。那么，在短视频行业快速发展的风口，它究竟有着怎样的特点呢？在此，编者将从用户流量、平台内容和信息流3个方面进行介绍（图1-3）。

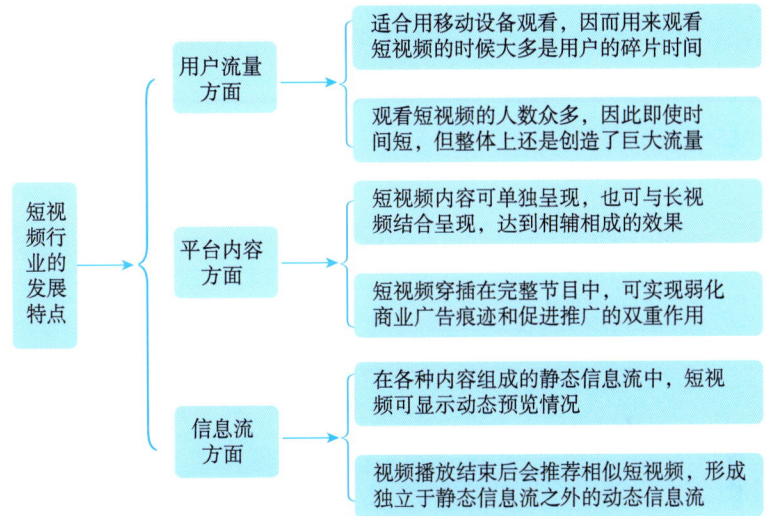

图1-3　短视频行业的发展特点

（二）短视频行业发展态势

对于新媒体平台来说，2017年是它们发展转变和战略布局的非常重要的一年——各平台纷纷进入短视频行业并重金入局，从而推动了短视频行业的快速发展。同样，2018年，对抖音短视频App的发展来说，更是至关重要——自2018年春节以来，抖音短视频App曾多次居于App Store单日下载量榜首，且在非游戏类App中的单日下载量榜首排名持续天数最长，成为名副其实的移动互联网最热门应用。

在这样的发展态势和背景下，未来短视频行业将向着怎样的方向发展呢？

1. 专业性

通常是指媒体资讯属性较强的短视频，这也是目前较为主流的短视频形态。这类短视频平台的发展方向是专业性新闻内容生产，以全面、多元的内容吸引用户。

2. 社交性

通常是指媒体资讯属性较强的短视频，这也是目前较为主流的短视频形态。这类短视频平台的发展方向是专业性新闻内容生产，以全面、多元的内容吸引用户。

3. 垂直性

通常是指新媒体平台中嵌入的短视频模块内容，这是短视频行业的另一发展方向，也是平台资讯形式发展的特点——短视频的信息补充作用使平台内容变得更丰富、立体，体现了鲜明的垂直性发展特点。

（三）短视频行业的发展困境

短视频行业的发展困境主要表现在5个方面：

第一，资讯短视频平台体现出明显的"去新闻化"趋向——不仅不适于深度报道重大新闻事件，且因为其对专业生产内容依赖性较大，在快速形成强大的内容壁垒方面存在困难。

第二，由于视频创作者本身创意的有限性、短视频内容的同质化现象越来越严重而用户审美要求在不断提高，想要赢得用户的长期关注和支持较难，用户忠诚度受到考验。

第三，一些短视频平台的内容版权的归属存在争议，损害了原创短视频生产者的利益，使得平台在获取与视频有关的资质方面存在困难，相关的"牌照"获取的难度较大。

第四，现阶段短视频行业的变现或盈利仍没有突破原有的广告模式，比较单一和狭窄，使得短视频创作者的创作动力有所消退。

第五，短视频平台由于监管不力，出现了大量低俗、不健康的内容，对社会造成了不良影响，让平台乱象丛生。

（四）短视频行业走出困境的对策

面对短视频行业发展的巨大风口，要想在新媒体领域获得更快、更大发展，是无法避开短视频这一传播媒介的。此时就需要想出有效对策帮助众多运营者走出行业发展困境。短视频行业走出困境的对策如图1-4所示。

项目一
"短视频+直播":农产品营销的黄金时代来临

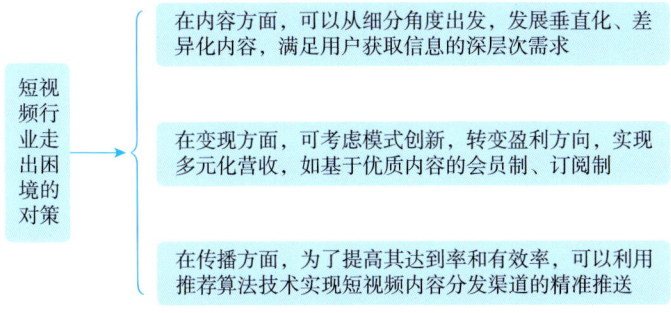

图1-4　短视频行业走出困境的对策

任务三　短视频爆红背后的心理学基础

在互联网的普及下,短视频迅速发展并且持续火爆,形成典型的网络现象,对许多用户的生活都产生了较大的影响。短视频是用户基于自己的需求而选择的内容活动,这是用户参与短视频的心理学基础之一。那么,短视频平台是如何基于用户的心理来引导用户更深入地参与其中的呢?

 爱刷短视频行为背后的生动性偏见心理

在20世纪70年代,艺术家安迪·沃霍尔曾经预言:"每个人都可能在15分钟内出名,每个人都能出名15分钟。"如今,随着短视频的火爆,一个普通人成为明星可能只需要15秒。

在短视频中,一个人有可能因为一段手指舞、一首歌而出名,也有可能因为吐槽了某些现象而出名,甚至因为一句普通的话语意外走红,成为人们竞相模仿的对象。

正是因为短视频可能产生轰动效应和同理心效果,符合年轻用户想要受到关注的心理和形成类群的心理需求,所以受到了更多年轻用户的欢迎。抖音短视频的负责人曾表示:抖音85%的用户的年龄在24岁以下,主力达人和用户基本都是"95后",甚至"00后"。很多年轻用户一有空便拿起手机刷短视频,一刷起来就停不下来,甚至有些"上瘾"。从心理学上分析,用户爱刷短视频的行为背后还蕴藏着其他心理,主要体现在以下5个方面。

(一)情感寄托心理

在马斯洛需求层次理论中,明确表明人类具备社交、精神方面的需求,短视频平台恰恰能够填补部分用户的这一需求空白(图1-5)。随着社会的发展,许多年轻人背井离乡前往更大的城市中拼搏,与之相对应的是难以言说的压力。而在陌生城市拼搏的道路上,工作占据大部分时间,能够交心的朋友较少,同时又需要在闲暇时间里解放自己的思维,此时短视频平台可以充当一个情感寄托的角色。

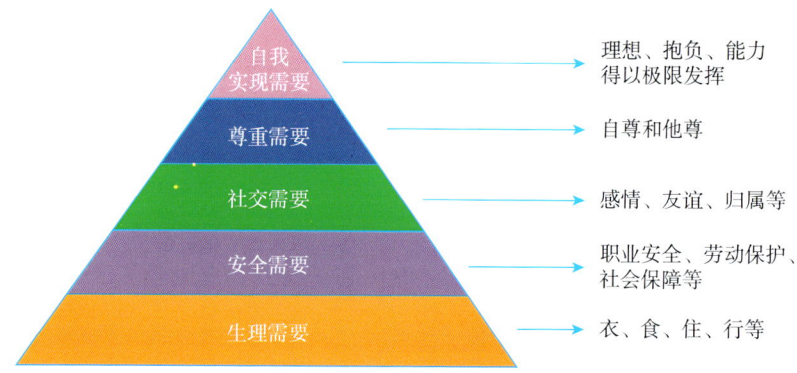

图1-5 马斯洛需求层次理论

大多数用户表示,通过看短视频可以产生情感寄托的心理。短视频所具备的分享与社交的功能,让用户能够关注自己所喜欢的内容发布者,看到喜欢的、感兴趣的内容可以分享给自己的好友,同时还可以留言评论,具备极强的互动性。而且短视频的时长较短,用户花费较少的时间便可以看完,非常有利于消磨碎片化的时间。

(二)审美、追星心理

"粉丝经济"的崛起正好说明当下年轻用户对于明星、网络红人等现象的支持与喜爱,甚至达到狂热的地步,同时这也代表着年轻人的审美追求,而这些心理特点完全可以通过短视频平台来实现。在各大短视频平台中,最常见的便是"年轻人崇拜"的"男神""女神",同时不少明星也参与短视频发布内容,记录自己日常的生活点滴,给用户增加了一条了解他们的路径。

(三)好奇心

生活中不少人都抱有好奇心,试图去窥探了解新鲜事物。短视频作为成

项目一
"短视频+直播":农产品营销的黄金时代来临

千上万的用户发布分享内容的手段和工具,记录了各种各样刷新人们认知的事件,同时也记录了不少日常生活趣事。用户完全可以通过短视频平台来满足自己的好奇心理,在点开短视频后,基于对下一个视频内容的好奇,将会继续刷下去,形成爱刷短视频的行为。

(四)从众心理

从众心理指的是在群体活动中,当大多数人倾向于某一现象或事物,而少部分人将会受到这些人的影响,在做出决定时产生动摇,放弃自己的意见与行为,表现出与大多数人所倾向的某一现象或事物相一致的做法。对此,有用户表示,自己对短视频并没有产生太大的兴趣,但是当身边的人都在刷,自己也只能去刷,以免落伍,这便是从众心理的一种体现。随着越来越多用户对短视频的使用,身边的朋友也将会受到影响。

(五)展示自我心理

每个人都想成为优秀的人,想要获得与众不同的人生,展示自我是一种很好的方式。尤其是当下的年轻人,具备明显的个性,渴望被人关注。各类短视频平台为他们提供了这一机会,让用户在平台上展示自己的技能、观点等。通过短视频平台,用户能够找到存在感。如图1-6所示。

图1-6 人们手机上的短视频App

> 农产品短视频+直播

基于以上几种心理，不少用户为短视频所着迷，进而产生了爱刷短视频的行为。能够准确利用这些心理进行营销的企业、商家，再结合一些有效的合理的宣传手段，能够让自己的营销水平更上一层楼。

二、利用积极反馈机制实现短视频"上瘾"实战策略

不少人在下载短视频类软件之后，发现这些软件简直是消磨时间的杀手级产品，并且很容易"上瘾"。通过提取各类短视频的共同特征，我们可以了解到它们在运营上都懂得如何利用积极反馈机制，进而形成一款令人"上瘾"的产品。

美国心理学博士亚当·奥尔特（Adam Alter）撰写了一本书，中文译名为《欲罢不能》。书中明确表示，产品可以通过积极反馈机制的6个方面来让用户产生"上瘾"行为，如图1-7所示。

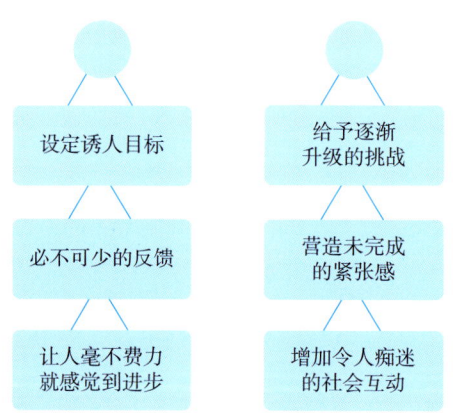

图1-7 利用积极反馈机制实现短视频"上瘾"实战策略

（一）设定诱人目标

短视频平台上形形色色的内容，比如美食、健身、旅游等，对于每一个细分用户来说都具有吸引力。就像是游戏一定要通关、走路步数一定要争第一一样，在短视频平台中也想要看完最新的内容，这些微小的目标等于用户的梦想，难度不高并且可以实现，用户自然会花时间投入其中。

（二）必不可少的反馈

Facebook（脸书）是社交应用中较早采取点赞按钮来进行反馈的平台，其

创始人之一表示："每当有人给你的照片点赞或评论的时候，你便会获得一次'多巴胺'所带来的满足感。"同样的道理，短视频平台上也支持点赞功能，有的还会伴随着动态效果。比如，有的点赞之后会跳出一颗红心，有的点赞之后会出现"666"的数字，每一种动态效果都相当于给用户的反馈。而对于视频上传者而言，点赞数相当于一种奖赏，是用户予以鼓励的体现。这样得到积极正向的反馈，将会促使用户接二连三地进行这一件事。

（三）让人毫不费力就感觉到进步

在如今的短视频平台中，用户不需要复杂的编辑操作，便可制作并且上传一个短视频。短视频平台会给用户提供现成的模板，用户只需要对口型、对动作等即可完成一个作品，完成后即可立刻上传。再加上查看视频的用户的积极点赞，会让视频上传者产生一种"自己在进步"的感觉。

（四）给予逐渐升级的挑战

抖音总裁张楠曾经表示："抖音的产品设计中有个好玩的功能叫作'挑战'，就是在用运营的思路创新产品的功能和特效，完成功能的冷启动。这个功能很多产品都有，有的叫话题，有的叫主题，其实就是让大家以一个主题去表现自己。"

挑战能够积极调动用户深度参与的积极性，而且对挑战进行分级，会让用户不断挑战更高的级别。这便相当于会员卡设置银卡、金卡、白金卡等级别，级别越高，诱惑越大，自然会有更多人参与其中。在不断升级挑战的过程中，用户所产生的竞争参与感、达到级别的成就感，也是使用户"上瘾"的必要成分。

（五）营造未完成的紧张感

很多人有与生俱来的完成欲。也就是说，人们对于尚未处理完的事情，比已处理完成的事情印象更加深刻。这就是心理学中的"蔡格尼克效应"。简单来说，就是一个人打算进行一件事时，会同时诞生出一套想要实现目标的紧张系统。这一系统将会随着任务的状态而变化，任务完成即解除，任务没有完成，紧张状态仍然存在。

由于短视频时间过短，不少上传者都不会用一条短视频便录入全部内容，

> 农产品短视频+直播

而是让用户看到最后时意犹未尽，期待下一条短视频的内容。

（六）增加令人痴迷的社会互动

传统的视频播放平台通常是单向播放，用户一般只能查找自己喜欢的内容并观看，无法与制作者互动。而短视频中所设置的评论功能让用户与视频发布者有互动的机会，让用户可以表达自己的想法，对于用户而言是一种积极的正面反馈。

以上的积极反馈机制不断引导用户生产、上传、查看内容，并且环环相扣，培养出用户反复使用的行为。当用户完成一轮之后，触发分享，形成新一轮的"上瘾"流程。

任务四　网络直播的发展与制约

直播，顾名思义就是直接播出，是人与人之间实时交流和互动的一种方式，根本目的就是满足大众的社交需求。据有关数据显示，截至2018年4月我国在线直播平台数量已超过200家，市场规模高达150亿元人民币，覆盖用户达3.97亿人，占网民总数量的55.3%。

一　直播崛起的原因

直播已经成为互联网、移动互联网时代最有发展前景的传播媒介，在不远的将来，势必会取代其他传播媒介成为新媒体的主流，也会有越来越多的人加入直播行列。其原因如下。

（一）客观方面

1. 大量直播社区/平台的出现和使用

大量直播社区/平台的出现是直播得以快速发展的基础，正是有了这一基础性的条件，众多主播才涌现出来。

我国的直播业出现火爆的发展虽然是在最近几年，但起步很早。早在2005

年就已经出现，只不过由于发展缓慢，缺乏一定的用户基础，大部分平台长期处在初级阶段，在之后的十年间陆续涌现出很多直播平台。

2. 网络环境的改善

我国网络环境基础建设速度非常快。截至2017年，3G/4G用户占比85%以上，尤其是移动4G的大范围应用，给直播在移动端开展给予了更大的支持，使越来越多的网民可以体验到互联网带来的红利。

未来，5G网络高速率、超稳定、大容量的技术优势，将使大型活动的现场视频直播变得轻而易举。

【温馨提示】

4G网络的出现大大加快了直播发展的进程，为直播的发展提供了技术保证，使直播效果更加流畅。带宽流量的提升无疑会逐步降低用户使用直播的门槛，加之资费水平的下降，人们对流量问题更是少了后顾之忧。

3. 智能手机、移动设备的大量应用

智能手机、移动设备的应用是直播发展的另一个重要条件。现如今，很多直播都是通过移动设备来完成的。正是得益于智能设备功能的优化改进，如智能手机、平板电脑像素的提高，CPU、内存等硬件配置的升级，从而给观众带来更好的视觉感受和体验。

4. 各大直播平台不断优化和创新

直播平台的不断创新和优化，目的就是降低用户的直播门槛。例如，美拍提供了MV特效功能，不仅提升了制作视频的趣味性，还可以使本身没有这方面技术的人制作出效果良好的视频。同时，产品的多样性也满足了各种用户的差异化需求，从而激发用户的自传播。

直播平台的出现，使各种直播迅速走红，昔日的门户网站等平台风光不再，一些平台积极寻求变革，争先布局视频直播领域，如腾讯、网易等门户网站类；今日头条、第一头条等资讯类平台；淘宝、小米、360等。互联网有关的头部企业都开通了自己的视频直播频道，抢夺视频直播红利资源。

（二）主观方面

1. 人们接收信息的思维、习惯在改变

随着互联网、移动互联网的发展，传播媒体不断更新，人们接收信息的思维和习惯也在不断改变。在互联网普及之前，人们获取信息的渠道大多是通过报纸、电视等传统传播媒介。随着PC互联网的发展，网站、博客、电子书等逐渐取代了传统传播媒介。最近几年，移动互联网迅速崛起，人们又开始转向了智能手机、移动设备，看新闻、看电影只要一部智能手机就够了。

2. 人们碎片化时间增多，需求增多

与传统传播媒介相比，直播在表现方式上更有针对性，现在的人们更倾向于精简、省时、高效的生活和社交方式，利用上下班、用餐、临时休息、睡前等碎片化的时间看书、看新闻、听广播等，越短、平、快的信息传播渠道越容易被接受。直播的出现恰好满足了人们的碎片化需求，因此，通过智能设备观看直播已经成为一种潮流。例如，有些人很难分秒不落地看完一部长达90分钟、100分钟的电影，于是微电影出现了；有些人对移动智能设备的依赖比较大，于是各大移动版的直播平台应运而生。

直播充分整合了人们的碎片化时间，满足了碎片化的需求，这无疑改变了人们接收外界信息、向外传播信息的思维和习惯。正是主、客观环境的变化，为直播的生存和发展提供了良好的环境，并使这种新的传播方式得以迅速扩张开来。

二 我国直播行业的发展历程

直播与视频业紧密相连，是视频业不可分割的一部分。在不同时代，直播形式也一直在更新。我国的视频业大致经历了从长视频到短视频，从录播到直播，从PC端到移动端等几个阶段。

在走过漫长的"面对面"直播期后，我国迎来了第一代媒体——电视直播。电视直播在20世纪80年代中期才兴起，是人们感受最深的一种方式，也是伴随着"70后""80后""90后"一大批人成长起来的一种方式。我国首次电视直播事件是1983年的春节联欢晚会，首次大规模室外直播是1984年中华人民共和国国庆35周年大阅兵，为了直播出动200多人，有5辆转播车、23套摄像机、14套微波设备，并通过卫星向国外直播。

项目一
"短视频+直播":农产品营销的黄金时代来临

紧接着是PC端直播,PC端直播门槛较低,这也使越来越多的网民能参与到视频制作和直播当中。移动互联网兴起后,直播又从PC端转移至移动端,门槛更低,参与性更强,互动性更好,使直播直接成为大众社交、娱乐、企业产品营销、用户引流的新入口。

在直播强大的影响力之下,直播平台也逐步兴起,我国比较早的直播平台在2005年兴起,如YY、9158等,而后又有六间房、A站、哔哩哔哩(BiLiBiLi)等。高峰期是在2013年和2014年,这两年大量网络直播平台如雨后春笋般崛起,如美拍、秒拍、龙珠、熊猫、花椒、映客、闪咖、抖音等。

在2018年8月中国网络直播App月活跃用户数排行榜前十名中,花椒月活跃人数达到2380.28万人;其次为斗鱼直播,月活跃用户数为1740.31万人;排名第三的是YY,月活跃人数为1697.10万人(表1-1)。

表1-1　2018年8月中国网络直播App月活跃用户数排行榜

排名	应用	活跃人数(万)
1	花椒	2380.28
2	斗鱼直播	1740.31
3	YY	1697.10
4	虎牙直播	1535.33
5	熊猫直播	996.91
6	映客直播	996.61
7	一直播	816.94
8	企鹅电竞	559.33
9	NOW直播	507.43
10	龙珠直播	309.09

直播平台类型与直播内容类型基本保持一致,大致可分为四类:第一类是秀场直播,约占总数的34%;第二类是游戏直播,占总数的16%;第三类是泛娱乐直播,占总数的44%;其他的占6%(图1-8)。

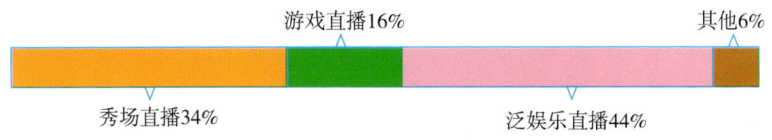

图1-8　4种直播平台类型所占比重示意图

农产品短视频+直播

三 网络直播的发展趋势

随着网络直播热的不断上升，市场上出现了很多不和谐的现象，网络直播内容参差不齐，频频出现挑战底线的问题。政府为了规范网络直播市场出台了一系列政策，网络直播进入了"最严"监管时期，直播平台或将面临新一轮洗牌。至此，网络直播将会呈现出一种新的发展趋势，一方面延续发展的势头，另一方面将会出现很多创新的事物。

这种趋势可以用并购、互补、垂直细分、超级平台四个词来概括。

（一）并购

并购包括平台并购与内容并购。一方面，巨头或大平台补足业务线与争夺流量入口；另一方面，中小型网络直播平台获得资源与资金。

（二）互补

网络直播将成为新媒体阵营的重要一员，成为致力于构建新媒体管理体系、营销渠道等企业的标配。

（三）垂直细分

在方向上更倾向于垂直与细分，每一个垂直领域也许会出现各自的领先者。

（四）超级平台

未来整个网络直播行业必将两极分化：一部分逐步衰退，直至消亡；另一部分呈现井喷式发展，甚至有可能成为超级巨头。

案例链接

2016年5月30日，农村淘宝在重庆市秀山县雅江镇桂坪村通过"淘宝直播频道"直播了一起卖土鸡促销活动（图1-9），引来淘宝10万网友围观，网友亲切地称之为"村红"。

图1-9 网络直播卖鸡

项目一
"短视频+直播"：农产品营销的黄金时代来临

> 直播的是抓土鸡的过程。直播中，"村红"一行三人偷偷进入山头的生态养鸡场，时而撒玉米引诱鸡群，时而搞"突然袭击"……经过半小时的围追堵截之后，最终成功抓到几只土鸡。这一"山头抓鸡"的直播画面让观看的网友挪不开眼："这才是正宗的土鸡啊""看着就好吃""这么可爱让我怎么舍得买来吃"……直播页面上，吃货们不断刷屏。
>
> "我家的鸡都是散养，行动敏捷，可以从这个山头飞到那个山头，又叫'土飞鸡'。这些鸡的个头虽然比市场上卖的大多数鸡都小，但肉质非常好，口感鲜美。"

从上述案例中可以看出，网络直播卖土鸡这种销售模式的好处在于信息传播的即时性和真实性，直播的画面是真实存在的。能让消费者用眼睛去看，用语言去交流，直接去感受现场，这个产品到底怎么样，看过之后，交流过后，基本可以做出明确判断。

与此同时，直播的相关农产品也在农村淘宝、手机淘宝、聚划算平台同步发售，网友一旦在网上下单，现场便称重、打包、装车、发货。

值得注意的是，尽管网络直播这种传播方式优势非常多，如成本低、门槛低，但并不意味着谁都能做好、做出效益。毕竟目前网络直播仍处于发展初期，缺乏完善的制度规范、科学的监管体系，因此，也成了混乱之源，光鲜亮丽的背后乱象丛生，一定程度上干扰了网络市场的正常秩序。在此背景下，政府和相关部门正在大力整治，通过严格管理和正确引导，进一步规范网络直播市场，让其真正发挥积极的作用。

（四）网络直播赚钱的误区

目前，对于网络直播带来的经济效益能有多大，能持续多久，业界仍有很大的争论。但是，不可否认的是坊间盛传的月收入10多万元、年收入百万元属于少数案例，不足以代表整个行业全景。主播收入两极分化现象十分严重，综观各大网络直播平台的主播收入排行榜，前几名永远被少数几个网红独占，大多数主播鲜有"露面"的机会,可见高收入只是虚"高"。

尽管网络直播带来的赚钱效应有些虚高,但作为一种新兴职业潜力不容小觑。当今仍有不少职业主播将其当作自己的"工作",定时上下班,每天要坐在电脑前面七八个小时,或唱、或跳、或说……不停地与粉丝互动、聊天;有时候甚至要牺牲掉吃饭、休息的时间;有的为了做到最好,需要不断提高自己,进行培训、学习,默默地付出着。

可见,网络主播这个职业就像其他职业一样,需要不断付出努力、不断学习提升自己,并不是像很多人想象得那么轻松,玩着就可以赚钱,也不是每个主播的梦想都能达成。不过,也正是因为有这个动机,很多主播容易陷入一些误区,不但赚不到钱,而且耽误了生活、工作。这些误区主要体现在以下4个方面。

(一)盲目跟风

有些主播看到别人开发了某直播内容马上也跟着开发一个。例如,美女路线是直播的一个主趋势,于是很多主播就争相模仿,为了跟风甚至不惜代价去模仿,但是这个策略对自己并没有多大用处,反而影响了自己的声誉。比如,如果是"三农"主播的话,没有必要打扮精致,只需干净整洁即可,重要的是如何向网友展示农村生活或者农产品。

因此,不要盲目跟风,需要事先搞清自己是否需要。在决定展开营销之前,要明确粉丝到底需要什么,在此基础上再决定提供什么样的服务,做具有自己特色的直播内容。

(二)急功近利

俗话说"心急吃不了热豆腐",社会化媒体营销需要的是厚积薄发。有些主播可能会带着传统的思维来做网络直播,幻想着一周、一个月就卖出多少产品。有些急功近利的可能会追求1周或1个月被多少人转发、多少人评论,达到多少曝光量。

网络直播最好不要过早地追求盈利,过早采摘的果实总是充满了酸涩。如果能用心对待自己的粉丝,用心与之沟通交流,就算只有1000个铁杆粉丝,也比有几万个僵尸粉要强。最初那1000位铁杆粉丝就像一张大网会越铺越大,培养出更多的粉丝。

（三）硬性植入广告

为了经济效益，有些主播会经常性地在直播时硬性插入商家的广告或代言的产品等。直播是一个十分重视内容的传播方式，因此，发送信息来推广商业活动时，需要讲究技巧和方式方法。

此外，主播还需要与粉丝进行沟通。值得注意的是，做直播营销重要的不是拥有多少粉丝，而是这些粉丝对自己的依赖性有多大、忠诚度有多高。当粉丝能够持久地关注时，意味着能获得更多的盈利机会。具体的做法会在后文项目六中详细叙述。因此，想利用网络直播赚钱还必须尊重它的媒体属性，将其看作是一个信息传播的渠道，而不是纯粹的赚钱发财的工具。

（四）忽视粉丝的质量

网络直播营销的核心是拥有大量的粉丝，而粉丝必须是有价值的，为什么很多主播的网络直播公众号成了"死号""僵尸号"，最根本的原因就是拥有大量的假粉丝。而这些粉丝基本上没有任何价值，更不用说挖掘他们的购买潜力。对于主播来说，只有高质量的粉丝才有价值，才能真正转化为利润。所以，不光要重视粉丝的数量，还要提高粉丝的质量。

五 网络直播赚钱的困境和制约条件

网络直播引发的赚钱效应已经在社会上引发了很多热议。有人认为，是大势所趋，在未来的几年内必将成为社交、商业模式的主流，并极有可能引领潮流，改变整个经济生态。也有人认为，是炒作、噱头、泡沫。所以说，对于主播来讲，能够正确认识直播这一行业的发展态势，认清与其他传播方式的关系、差异是非常重要的，只有认清态势，并根据网络直播的特点、优势，才能做好网络直播活动，获得物质、精神上的双赢。

网络直播的困境和制约条件主要有以下3个方面。

（一）商业化模式还极不成熟

网络直播是基于一款通信工具发展起来的，但随着在商业领域的广泛运用，这种功能的作用越来越弱化。尤其是一些组织、企业和社会团体已不再把

> 农产品短视频+直播

网络直播仅仅当作是一种工具、一种社交的媒介。但是作为一种新的社交和商业模式,起步晚,很多配套建设还不完善。大多数人对网络直播的认识还停留在娱乐、社交较浅的层面,想构建强大的关系网,展开企业和产品的推广、宣传实属不易。

(二)对粉丝的依赖性较高

网络直播盈利的来源基本靠粉丝,那么,单纯地依靠粉丝是好事还是坏事,是否具有可持续性?这是一个仁者见仁,智者见智的问题,很多时候谁也不能完全确信什么做法才是最有效的。

但有一点是毋庸置疑的,那就是无论怎么做都必须有大量的粉丝支撑。没有一定数量的粉丝,一切都是空谈,而且需要专门去做运营和管理。因此,主播要将增加粉丝数量、提高粉丝质量当作重中之重。

(三)竞争越来越激烈

随着网络直播这种全新的营销模式越来越广泛地被运用,直接导致了这一领域的竞争愈发激烈。目前,无论大、小主播都纷纷投身直播,开始做网络主播,希望借助这股热潮实现更大的盈利,于是引发大众的盲目跟风,网络直播营销一时蔚然成风。

网络直播作为新型的社会化媒体,与传统媒体相比确实有自己独特的优势。但是过度竞争也带来了诸多负面的影响,如管理成本增加,商业利益与用户感受之间的冲突愈发严重等。

任务五 "短视频+直播"助力脱贫攻坚战

一 打赢脱贫攻坚战

改革开放以来,我国的扶贫开发事业大踏步发展,随着社会的发展,我国扶贫的标准和质量在逐渐提高,我国现今更加注重发展型的民生改善。党的

项目一
"短视频+直播"：农产品营销的黄金时代来临

十八大以来，以习近平同志为核心的党中央把脱贫攻坚摆到更加突出的位置，大力推进精准扶贫、精准脱贫，扶贫事业取得新的显著进展。

2019年是脱贫攻坚战进入决胜的关键阶段。习近平在进行地方考察时，多次专程到贫困地区看望贫困人群。

2019年4月，在重庆市石柱土家族自治县中益乡华溪村，习近平了解到已脱贫户马培清家通过参加黄精中药材产业发展和土地入股分红、管护药材基地等方式，实现了稳定脱贫，习近平非常欣慰。

2019年5月，在江西省于都县梓山富硒蔬菜产业园，习近平对产业园以"龙头企业+合作社+农户和贫困户"发展模式带动了村民脱贫致富的做法表示赞赏。

2019年7月，习近平到内蒙古自治区赤峰市喀喇沁旗河南街道马鞍山村考察。该村坚持生态立村、产业富村、旅游强村，运用"菜单式"扶贫和扶强带贫模式，实现了产业扶贫全覆盖。

2019年8月，习近平到甘肃省武威市古浪县黄花滩生态移民区富民新村考察。当地针对古浪南部山区"一方水土养不起一方人"的实际，走出了一条高深山区贫困群众易地搬迁脱贫致富和祁连山生态环境保护双赢的扶贫开发新路子，6万多地处山区的贫困群众搬进了新房，通过发展牛羊养殖和蔬菜种植正逐步摆脱贫困。

2019年9月，在河南省考察时，习近平来到新县田铺乡田铺大塆，考察创客小店；来到光山县槐店乡，考察油茶产业；来到光山县文殊乡东岳村，察看特色产品。

……

2019年4月16日，习近平在重庆主持召开解决"两不愁三保障"突出问题研讨会表示，"要探索建立稳定脱贫长效机制，强化产业扶贫，组织消费扶贫，加大培训力度，促进转移就业，让贫困群众有稳定的工作岗位。"在全面打赢脱贫攻坚战中，充分发挥产业扶贫在脱贫攻坚中的支撑作用，通过提升巩固传统产业、加快发展规模农业、发挥龙头企业和合作社等新型经营主体作用、创新模式"多项增收"等有力举措，唱响产业发展促脱贫攻坚大戏，确保贫困户稳定增

农产品短视频+直播

收。此外，把规模农业产业作为农业跨越发展、农民持续增收、全面决胜脱贫攻坚的重要抓手。

各级党和政府都将扶贫攻坚作为各项工作的重中之重，农业产业扶贫需要将农产品卖出去，而短视频和直播是一个很好的营销方式。

二 短视频+直播：脱贫攻坚的新模式

2018年，中国青年报称："中国农村网民的数量已经达到2.09亿，基础通信、网络音乐、网络视频等应用的使用率与城镇居民的差别已经不大，差异率平均在10%左右。"如果将涉及农业、农村、农民题材的短视频称作"三农"短视频的话，那"三农"短视频可谓占据了短视频内容和用户的很大一部分。而伴随着国内4G流量低资费的春风和视频编辑软件便捷化及低门槛，以抖音、快手等为主流的短视频平台，越来越受到人们青睐。

随便翻看抖音、快手就会发现，有很大比例的短视频内容是记录农村生活的点点滴滴。比如，很多人拍摄抓螃蟹、摘野果、野外烧烤、烹饪农家菜、做农活等视频。虽然这些与"三农"有关的短视频看似有点粗糙，没什么特别的，但视频点击量却非常高。原因到底是什么？

一方面随着消费升级，更多消费者愿意为健康、安全的农产品买单，而短视频和直播的结合，可以让消费者更加直观地了解农产品，取得消费者的认可；另一方面，大多数的中国人对农村生活有着深厚的感情和情怀，而短视频和直播的结合，可以展示真正的新农村生活。短视频也因此获得了众人的追捧。

与其他类型的短视频不同的是，关于"三农"的短视频内容非常简单，没有滤镜，博主也不是很健谈，忠实地记录农村生活动人的一面，反映真正的中国农村的风土人情。比如，一个粉丝众多、账户名为"巧妇9妹"的"三农"主播。她的视频记录的都是普通农妇忙忙碌碌的日常生活，大清早去种甘蔗，午饭做一笼韭菜鸡蛋馅饺子，下午去看看村里的千年古树，晚间再用一盘炒田螺款待远道而来的另一位"三农"网红等，画面看起来特别原生态，运镜和剪辑不加修饰，随性的乡音配上当地山水风景和朴实笑容，让人有种"久在樊笼里，复得返自然"的悠闲，觉得这才是想象中的田园生活。如果观众也有在农村生活过的经验，那么看一眼她的视频就会被那种纯粹的农村气息所吸引，甚至可以勾起城市观众对农村生活的向往。

项目一
"短视频+直播"：农产品营销的黄金时代来临

案例链接

"巧妇9妹"是广西灵山县电商扶贫的带头人物之一，在她的带动和影响下，越来越多贫困户和电商企业在特色农产品销售方面走上了合作共赢的道路。她从2017年5月19日开始在今日头条和西瓜视频平台上传视频，主要分享广西农村原生态生活及美食。2018年的灵山荔枝节期间，她在5月20日就开始预热抢荔枝活动（图1-10）。5月26日，今日头条店铺正式发货，累计销售17.5万千克，单日最高冲到了2.5万千克，其中1.5万千克是发往北京的，带货能力让很多明星网红自愧不如。如今，"巧妇9妹"已经成为一名成功农商，俨然就是家乡广西灵山县的形象代言人了。

图1-10 "巧妇9妹"短视频卖水果

在城市工作和生活的压力太大了，很多时候城里人都梦想着可以生活在农村，摆脱那些混乱的人际关系、劳神的脑力工作，过一种宁静而悠闲的农村生活，日出而作，日落而息，但这种愿望显然不可能轻易地实现。但是每当人们观看这些"三农"短视频的时候，就可以暂时摆脱城市工作带来的巨大压力，在视频中放松一下自己。

从"巧妇9妹"的案例中不难看出，短视频与直播市场潜力巨大，已经逐渐成为脱贫攻坚的新模式。随着渠道的下沉，农村的网络技术也越来越发达，参与"三农"视频制作的人员数量逐渐增加，拍摄内容也越来越有创意，市场也越来越大。可以说，在短视频与直播的助力下，脱贫攻坚路越跑越宽、越跑越快。

农业是一个具有潜力的行业，把互联网行业的新流行应用到农业领域的营销中，让优质农产品的价值得到体现，创新助农增收新模式，实现创新模式"多项增收"，是脱贫攻坚战的目的所在。

项目二

短视频平台的选择

想要做好农产品短视频,必须了解短视频平台,要对不同短视频平台的特色有清晰的认知,特别是在当今各类短视频平台百花齐放的市场环境下,只有找到最适合自己的平台,才能取得"1+1>2"的效果。本项目通过对抖音、快手、微视、秒拍、火山等短视频平台进行介绍,希望能够给读者提供一些参考。

任务一　抖　音

如果有人问："当前最受欢迎的手机短视频应用是什么？"可能大多数人的答案是"抖音"。截至2020年1月5日，抖音日活跃用户超过4亿，如图2-1所示。可以说，抖音不仅是中国非常受欢迎的短视频平台之一，在全球范围内也非常流行。

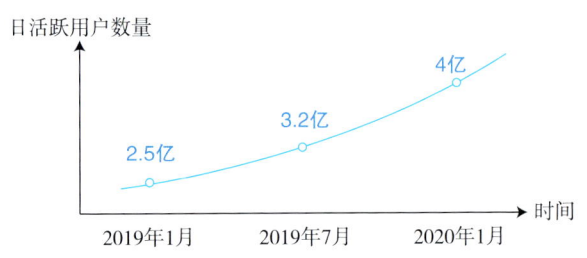

图2-1　抖音日活跃用户数据

抖音是数据挖掘引擎公司"今日头条"推出的一款短视频社交软件。美国调查公司Sensor Tower的数据显示，在2018年第一季度，抖音的海外版Tik Tok成为全球下载量最大的iPhone应用，总计4580万次，已超过了Facebook、YouTube等。

一　抖音借助网红崛起

当前，抖音在全国乃至全世界范围内拥有大批"网红"，这些网红是抖音价值内容和人气的主要贡献者。抖音在上线之初，就确定了"将自己的'网红'作为员工"的发展战略，积极通过各种流量补助方式帮助他们推广、做强、做大。比如，2016年11月今日头条便为抖音的网红们举办了一场隆重的庆祝大会，并宣布将投入10亿美元，帮助他们增涨粉丝，进而增加增收。

不仅在国内如此，在国外，抖音也将明星、"网红"视为其吸引粉丝的磁铁。例如，在泰国，知名艺人的入驻便吸引了大批泰国用户下载抖音；在日本，抖音也和诸多明星、网红达成了合作意向，用明星、"网红"的入驻吸引大批当地粉丝下载使用抖音。

二 "你行你秀"的大舞台

虽然抖音的流量会向明星、"网红"倾斜，但也非常重视普通民众。抖音上很多疯狂转发的视频并不是明星、"网红"制作的，而是来自普通民众，这充分展现了普通人的喜怒哀乐和丰富的创造力。

案例链接

生活在大理的"云南小花"是名"95后"，同时，她成了一名人气颇旺的抖音达人，每天都有几十万人围观她直播老家特产。看着小花削菠萝、削鸡蛋、削西瓜、削榴莲，甚至给草莓削皮——2019年3月30日，云南小花一条给草莓削皮的视频，收获了26.4万的点赞。很多喜欢小花的粉丝表示，她的视频有趣、接地气。在视频中，她总是穿着少数民族的衣服，洋溢着爽朗的笑容，分享云南纯天然的美食。视频中她会就地取材做竹筒饭、葡萄酒、玫瑰花饼，采摘葡萄、生吃板栗，还分享怎么剥石榴、人参果。

"云南小花"在抖音拥有300多万粉丝，在快手拥有157万粉丝，全网超过500万粉丝，是云南电商扶贫带头人（图2-2）。"云南小花"在过去一年探访了36个村镇，通过短视频和直播帮助20多个贫困家庭卖出了滞销土特产，给不少农民带来了实实在在的利益，真正帮助农民做到了脱贫致富。

图2-2　"云南小花"的抖音截图

这些视频流传开来，会吸引更多的人踊跃录制、发布更多的视频。如此一来，抖音也就变得越来越热闹，发布的短视频也就越来越有品质。

农产品短视频+直播

三 向用户提供内容主题和创作的灵感

为了帮助用户获得创作灵感，抖音会定期推出视频标签，作为趋势潮流或者平台内容主题，引领成千上万的用户参与到同一主题视频的创作中。抖音通过这些视频标签，激发了用户的创作灵感，其创作出来的内容因为更具参与感和娱乐性，被其他用户转发的概率也会大大提升。

比如，抖音发起的"我的美好食刻"系列主题活动，便激发了大家的创作灵感——从美食中汲取元气，感受人生，感悟生活。广大用户踊跃参与这一主题活动，纷纷将自己和美食的故事拍成短视频，在抖音上引领了一波美食风潮。

除此之外，很多品牌商也经常在抖音上发布主题创意活动，邀请用户创作最有创意的短视频。通过与抖音上的网红合作，品牌商能够迅速吸引数以百万计的用户参与到活动中，能够更加轻松地将这些用户转化为他们的潜在客户。

四 让视频创作更轻松

让视频创作更轻松，是抖音吸引用户的一个秘籍。抖音为用户提供了一个"工具包"，有了这个工具包，不管你是何种知识层面、哪个年龄段的用户，只要拥有一部智能手机和一个好的想法，就能"制造"出一段精彩的15秒视频，并有可能被其他用户点赞，从而成为平台上的人气王、网红，甚至明星。

抖音提供给用户的这个工具包具体包括一个音乐库、各种美化滤镜以及易于使用的各种编辑工具。为了帮助用户轻松地拍好视频，抖音还推出了用户在拍摄视频时保持手机稳定的手机附件。

此外，抖音官方还推出了一款手机视频编辑剪辑应用——剪映。该应用软件带有全面的剪辑功能，支持变速、多样滤镜效果以及丰富的曲库资源，好评率非常高（图2-3）。

图2-3 剪映截图

（五）变评论为社交舞台

在抖音平台上，很多用户除了观看各种短视频外，还喜欢查看短视频的评论，同创作者进行互动，和其他评论者进行交流。这样一来，抖音的评论区就转变成了社交舞台，它常常如视频本身一样充满乐趣（图2-4）。

图2-4 抖音短视频的评论区截图

抖音允许用户在观看视频的同时阅读评论区的内容，给予了用户更加强烈的互动性和参与感，强化了评论区的社交属性。这种设置使抖音对用户更具吸引力，从而让更多人选择抖音，并喜欢上抖音。

（六）个性化的推荐

抖音凭借自身大量的工程师储备和人工智能实验室支持，基于用户过去的观看行为来为其进行画像，并向用户推荐其可能感兴趣的内容。简而言之，用户打开抖音后，呈现在眼前的短视频都是他们可能喜欢的、爱看的。这种个性化推荐是抖音的核心竞争力，也是吸引用户关注抖音的一大法宝。

当然，抖音还是一个能发现新大陆、不断探奇的平台。用户打开抖音时，

农产品短视频+直播

默认模式是一个"推荐"的内容频道，用户可以看到素未谋面的创作者发布的短视频，了解他们的生活和工作，发现不一样的美丽和情趣。通过这种形式，抖音可以让用户不断找到新的感兴趣的内容，从而将用户更强力地吸附在平台上。

任务二 快 手

快手是一款由北京快手科技有限公司及其关联公司所有和运营的短视频软件，其前身"GIF快手"创建于2011年3月，是用于制作和分享GIF图片的一款手机应用；2012年11月，从纯粹的工具应用转型为短视频社区，定位为记录和分享大家生活的平台；2014年11月，正式更名为"快手"。

一 "草根"记录、分享和发现生活的主阵地

快手短视频的定位是"记录和分享大家生活的平台"，希望为广大"草根"群体营造一种轻量级、休闲化的氛围，因此，快手上聚集了庞大的"草根"用户群，他们发布的短视频都具有"原生态"的特点，成为用户记录、分享和发现生活的主阵地。

（一）主要面向三、四线城市以及广大农村群体

快手为这些"草根"群体提供了一个直接展示自我的舞台。因此，与其他短视频和直播平台不同，在快手上占据主导地位的并不是明星和KOL（关键意见领袖），抑或影响力巨大的"网红"，而是普通得不能再普通的"草根"。

【温馨提示】

KOL，全称为Key Opinion Leader，意思是关键意见领袖，是营销学上的概念，通常被定义为：拥有更多、更准确的产品信息，且为相关群体所接受或信任，并对该群体的购买行为有较大影响力的人。

（二）以"原生态"为主

所谓"原生态"就是原汁原味地记录、分享和发现生活，不添加任何特效，不夸大，不做噱头。因此，快手上的短视频内容几乎没有任何修饰，这就为普通大众表达自我、分享生活提供了可靠的平台。

快手在发展过程中，没有采用以明星为中心的战略，没有将资源向粉丝较多的用户倾斜，没有设计级别图标以及进行用户分类，也没有对用户进行排名，更没有签约平台上热门的直播者。这些战略都指向了一个方向，即打造平台轻量级、休闲化的氛围，让平台上的所有人都敢于表达自我，乐于分享生活中的所见、所感。

"哈尼然啊四（原生态）"是快手短视频平台上的达人。白天他和妻子忙于农活，午饭常在田间地头解决。有时候，他们会直接从田地里摘些新鲜的蔬菜，在山坡下点燃篝火，做一顿美味佳肴。太阳落山后，妻子忙着做晚饭，并录制短视频，向快手用户展示她做的菜（图2-5）。

他们的短视频向大家展示了中国农民的日常生活，这种看似无趣的农村生活短视频却吸引了45万粉丝，其发布的视频点击量从数万到数十万不等。很多用户对他们的生活很感兴趣，并和他们成了好朋友。在短视频评论区，"哈尼然啊四（原生态）"会像同老朋友聊天一样，回答大家提出的各种问题，没有任何作秀表演痕迹。比如，一位用户评论：你们5月还要穿羽绒服，那边是不是很冷？"哈尼然啊四（原生态）"回答：是的，山区里面有点冷，尤其是夜里。

对这对夫妻而言，在快手上发布短视频并不是为了博眼球出名、挣大钱，而仅仅是为了展示自己的日常生活，正如他们的账号简介中所写的那样："喜欢平平淡淡的生活，与世无争。不接受任何广告，感谢快手官方。"

图2-5　"哈尼然啊四（原生态）"展示妻子做的菜（截图）

农产品短视频+直播

二 算法决定哪些是优质内容

为确保每一位用户都能获得平等发布的机会，快手平台没有任何人工团队去影响内容推荐系统，完全依靠算法向观众提供个性化推荐。

（一）专注于对智能匹配的优化

快手的算法能够理解所发布短视频的内容以及用户的特征和行为，包括内容浏览和互动历史。在对这些信息进行分析和理解的基础上，模型就可以将内容和对其感兴趣的用户匹配在一起。用户积累得越多，数据就越多，推荐就越精确。

（二）所有用户和视频都有机会在"发现"页得到展示

通过不断优化智能匹配，在算法推荐机制下，在快手发布短视频的所有用户和视频都有在"发现"页面得到展示的机会，哪怕你只有1个粉丝。用户发布的短视频获得的点赞越多，被机器选中的概率就越大。通过分析用户以往的点击、观看和点赞历史，快手的算法推荐机制会先根据用户之前表现出来的喜好向其提供"发现"页面中的内容。

三 保持简单和专注

为了服务好"草根"用户群体，方便他们发布更多原生态内容，快手的应用设计以简单清爽为主，让大家更专注于内容。

（一）主页上只有3个频道

快手主页上只有3个频道，分别为"关注""发现"和"同城"。最上方的两侧则为导航菜单按钮和小的摄像机图标，方便用户简单高效地上传视频。假如用户没有在快手上注册，则看不到摄像机图标。在快手不断发展的过程中，这3个频道虽然每次更新都会进行细节上的调整，不断地进行优化，但是在频道设置上却始终没有改变。这种简洁的设计，让很多不擅长使用智能手机的用户也能够在快手上"冲浪"，可以随时随地地发布生活见闻，展示自己的个性。

（二）做减法

删除或削弱了某些被主流社交应用看作不可缺少的功能。比如，为了鼓励用户专注于创作原创内容，而不是花太多时间在平台上聊天，快手隐藏了私信功能。

（三）没有提供单独直播页面

快手认为直播仅是一种对用户互动的补充，并不是一种记录和分享生活的最佳方式。因此，快手仅允许大约10%的用户进行直播，将直播弱化成其附属功能。

任务三 微 视

微视是腾讯于2013年开发的一款8秒短视频社交应用，用户可以通过微信、QQ和QQ邮箱账号登录，同时用户可以将自己发布在微视上的短视频分享给微信好友，分享到微信朋友圈以及腾讯微博。遗憾的是，因为当时短视频市场还不成熟，容量有限，微信于2017年4月关闭了此应用。然而后来，短视频市场开始爆发式井喷，各种短视频占领了用户的碎片化时间，所以微视在关闭10个月之后宣布重新上线。

一、拥有庞大的流量包支撑

微视由腾讯公司创立，用户在微视上发布的短视频可以不受限制地转发到腾讯旗下的微信朋友圈、QQ和腾讯微博上。背靠"微信+QQ"合计用户量超过10亿的腾讯，微视"复活"后便自带超级流量包。

（一）素材流量包

短视频拍摄时可能会涉及音乐、动漫、影视艺人等的版权，如给短视频配音，所使用的音乐必须要经过版权人的同意，并购买版权。而微视背靠腾讯这棵大树，借助腾讯的音乐版权，直接打通了QQ音乐千万首音乐的版权。另外，腾讯还拿出游戏和动漫版权（知识产权）做增强现实感和美化画面的贴纸或者背景，从而使得微视拥有了巨大的素材流量包，让用户在生产短视频时更加轻松高效，创作的自由度更高。

（二）补贴力度空前强大

作为短视频应用平台，最重要的还是内容。为了鼓励用户生产优质内容，

农产品短视频+直播

微视计划拿出30亿元吸引优质内容制作者,鼓励他们去创作高质量的短视频。

(三)巨大的用户基础

微视的主要用户为"90后""00后"的年青一代,通过这些年轻人聚集的QQ空间为其引流。调查显示,QQ空间超过一半的用户为"90后",这和短视频的用户画像相符,随着"90后""00后"的崛起,微视的用户基础将会越来越大。

二 原创元素丰富,社交性更强

可口可乐全球CMO在哈佛商业评论中指出:"网络同质化的核心问题就是能否创造出让消费者主动讨论和传播的东西。从内容来源上看,微视频节目的原创性元素更丰富,不管是个人制作上传,还是视频网站聘请专业团队来操作,追求的无非是原创性。"由此可见,短视频的存在意义并非制作的精细,也非创作手段的先进,而在于其所能表现出来的构思和创意。这些构思和创意往往体现了创作主体对世界、人生以及生活的一种理念,抑或深刻的认知和独到的见解。

(一)内容更有深度

与其他相比,微视原创内容兴趣性更强,并兼顾内容深度,因此质量相对较高,具有明显的差异性。

"小呆鱼解说"在微视上发布的短视频就很有深度,如其发布的一条《农产品电商怎么做》的短视频,就根据农产品的特性提出了不少关于农产品电商做法的建议,引人深思(图2-6)。

图2-6 "小呆鱼解说"视频截图

(二)社交性更强

用户不仅有看视频的需求,也有与粉丝交流的需求,假如因缺少社交链刺激,而导致普通用户生产内容积极性衰退,平台的成长空间必然会受到影响。而社交是腾讯的强项,所以微视短视频社交性较强,在邀请大量制作优质内容创作平台的同时,微视还通过自制综艺等方式增加互动性,再结合较高质量的专业生产内容来激发普通用户就感兴趣的内容进行创作、互动的积极性。普通用户的短视频虽然看起来不够精致，但是通过社交互动产生的价值却高于单一的单向创作。

（三）微视背后产业链更完整

微视短视频可以和腾讯游戏、综艺等文娱产业联动，为用户提供更加多元化的变现方式。

三 红人计划，让你更快火起来

随着短视频的持续火热，各个短视频平台孵化了一批又一批影响力堪比明星的网络红人。这让众多用户参与短视频创作的信心大增，梦想着有朝一日也能出人头地，名扬天下。针对用户此种心理，微视推出了"红人计划"，帮助更多的普通用户实现"红人梦想"，完成其由"草根"到网红甚至明星的华丽蜕变。

2018年6月，微视发布了"网络红人计划"，点赞数在前100名的视频主将有机会直接进驻微视成为红人，前10名视频博主有机会签约"偶像计划"。只要你的短视频做出了品质，拍出了创意，展示出了趣味性，你就可能在竞争中脱颖而出，从一个普通人蜕变成网络红人。除了不断推出各种"红人计划"外，微视还在北京、上海、广州等一线城市举办了线下沙龙活动，吸引平台红人参加，提升红人的影响力和创作激情。

任务四　秒　拍

秒拍是由炫一下科技有限公司（以下简称"炫一下科技"）推出的一款集观看、拍摄、剪辑、分享于一体的超强短视频工具，更是一个超级好玩的短视频社区。2014年，秒拍4.0全新上线，它可以让用户一秒变身文艺摄像师，在10秒内拍出有质感的大片。

农产品短视频+直播

一 背靠微博巨大流量池

炫一下科技获得新浪微博等机构融资后，秒拍也被内置到了新浪微博手机客户端。这样一来，秒拍就和拥有庞大用户基础的新浪微博捆绑在了一起，能够更加轻松、高效地将微博流量引到自身平台。

（一）入口导流

秒拍的最初设想是鼓励用户拍摄、上传并分享短视频，这些短视频能够被别人看到并且传播出去是用户最大的生产动力，秒拍依托新浪微博这一社交流量高地，依托分享功能，满足了用户广泛传播的期望。

（二）打通新浪微博账号

秒拍和新浪微博的账号相互打通，用户在秒拍上拍摄的短视频能够同步上传到新浪微博进行二次传播。这样，秒拍用户的短视频传播范围就变得更加广泛。可见，背靠新浪微博这一流量高地，秒拍强大的分发功能和传播效果，能够让用户更为简单、高效地传播自身观点和品牌信息（图2-7）。

图2-7 "每日三农百科"发布的短视频截图

项目三

短视频内容定位

随着短视频的流行,越来越多的人加入短视频分享行列,但是能够取得成功的却寥寥无几,其中一个重要原因便是人们对短视频的内容定位不够清晰。为了让农产品短视频团队能够清楚自己的方向,本项目将通过内容方向定位、展现形式定位、持续产出能力、内容创意策划4个维度进行讲述,希望能够给读者提供一些参考。

农产品短视频+直播

任务一　内容方向定位

制作短视频的第一步便是定位内容方向，只有定位清晰、准确，在制作短视频时才能够有的放矢、事半功倍，同时有助于后期的推广。定位短视频内容方向，短视频团队可以从提供让更多用户喜欢的标签的做法入手。

短视频的时间较短，要在短时间内快速吸引用户的注意力，这便对内容的创新提出了较高要求。而当内容发布出去后，还需要根据数据变化来调整短视频的内容，所有的结果都需要以数据作为导向，实现进一步的优化，最后完成更受用户欢迎的内容方向。

（一）用数据确定内容方向

通常情况下，视频制作者都会选择自己喜欢或者擅长的方向来创作视频内容，因为只有这样才能源源不断地输出内容。比如一些农村的家庭主妇在做饭方面比较擅长，可以试着往美食方向发展，然后在秒拍等短视频平台上发布。将内容发布后，可以再查看一下播放量与点赞数。

视频发布初期，通过播放量与点赞数的数据能够大致了解用户感兴趣的内容、内容所具备的特点等。比如某美食方向的视频一共发了两个甜点类的和两个炒菜类的，在4个短视频都发布后，便可以获得数据，根据这些数据分析通常能够得到一些特点，接下来的第5个短视频便可以在总结分析特点的基础上进行优化。随着次数的不断增多，视频制作者的方向会越来越清晰，明确知道什么样的视频内容最吸引人、什么样的拍摄手法最受欢迎、什么样的包装最能打动人。

（二）用数据指导运营

视频制作者确定内容方向后，运营环节成为最重要的环节，所需要面对的工作内容比较烦琐，因此需要通过数据来实现精细化运营，让视频能够有效分发到更多用户手中。

1. 根据数据调整发布时间

各大视频平台都会有相应的流量高峰时间，因此针对各大平台不同时间段的数据进行研究与记录，以此来获取平台能够获得高推荐量与播放量的时间段。比如通过腾讯视频平台来发布短视频，仔细观察其数据增长曲线后可以发现，视频在刚发布的时候的播放量通常不是很高，需要观察一周左右的时间，才能逐渐获取数据增长情况。而对于今日头条这样的推荐平台，情况恰好是相反的，通常能够在24小时之内获得较高的播放量，过了这个时间点，数据一般不会再发生较为明显的变化。

某美食视频制作者在今日头条中发布短视频，试过在早上、中午、下午、晚上的不同时间段来发布，发现晚上发布的播放量通常会比较高。因此最后选择在每天下午6点左右发布短视频内容，晚上12点是视频播放量的高峰期。除此之外，他们还发现了在今日头条发布内容还需要准备审核时间，时间长短无法估算。但是通过观察，发现在晚上6点左右发布短视频，审核的时间相对较短，到了晚上8点，审核时间将会大幅度延长。

为了能够更精准地获取信息，视频制作者可以借助数据工具来提升工作效率，而不是仅仅依靠手工记录，否则很容易出现差错。目前的数据工具有美拍短视频运营助手、彩虹短视频助手（图3-1）等。

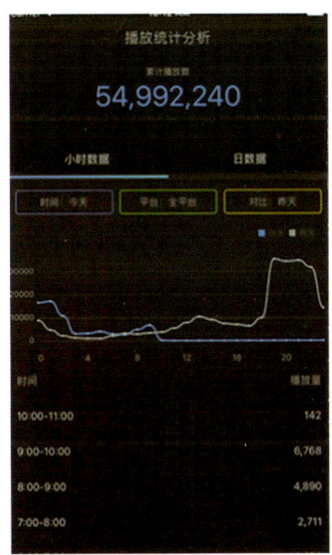

图3-1 彩虹短视频助手播放统计

农产品短视频+直播

根据图3-1显示的数据内容可知，该视频在上午10—11点的播放量非常不理想。从晚上6点开始，播放量迅速上涨，晚上10点之后迅速下降。因此，可以根据这些数据来调整短视频的发布时间。

【温馨提示】

彩虹短视频助手App是一款帮助短视频运营的软件，是短视频创业者的必备工具，能够详细展示短视频播放量，观看人数等相关数据。

2. 用数据指导运营侧重点

个人将所有的渠道都铺好并不见得是好事，短视频制作者必须要明确侧重点，在与内容匹配且数据高的渠道中着重进行运营，尤其是对于人力不足的短视频制作团队而言，这样做能够起到事半功倍的效果。

如图3-2所示，同一款短视频在每一个平台的播放量都会显示出来，让我们可以了解短视频发布最为有效的平台。从图中的数据可以看出，这一短视频在美拍、腾讯视频中的播放量都非常高，但是美拍的表现尤其好。这只是一期的数据，接下来持续地将同类内容发布到各大平台中，并且查看数据信息。如果持续在某些平台都能够获得相对较高的播放量，那么短视频制作者便可以将重心转移到这一平台上，进行精细化

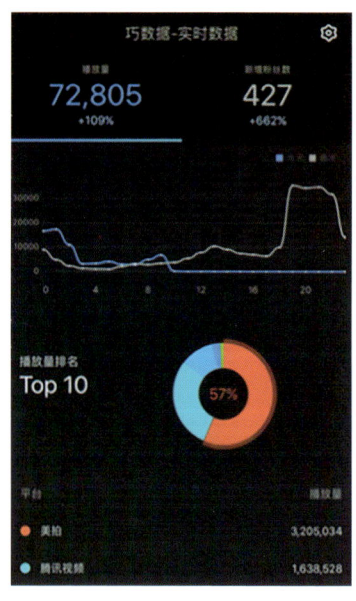

图3-2 彩虹短视频助手显示播放概况

运营。随后可以根据数据继续摸索在该平台获得高播放量的原因，直至进入稳定期。

借助这些数据化的小工具，短视频制作者可以尽可能将所有的平台渠道都铺上，随后根据数据指导来明确受用户欢迎的平台，并且分出主次，同时放弃一些效果不佳的平台。

（三）用数据来指导你的视频内容

通过以上步骤进行视频内容策划便显得相对省心。通过数据对内容进行多次优化，内容便会越来越符合用户的审美、需求，因此也会越来越受到用户的欢迎。

快手、今日头条、微博秒拍等短视频平台是以用户的行为作为判断依据的，不受短视频制作者的资源限制，因此这些推荐平台上的数据也会显得更有价值一些。而在这些平台中，推荐量与播放量在很大程度上受到数据参数的影响，比如收藏数、转发数、评论数等。如果短视频制作者能够提高参数的数据情况，播放量也会随之提高。

短视频制作者可以以周、月等单位作为依据，将各大平台的数据导出来并且仔细分析，了解在这一时间段内收藏数高、转发数高、评论数高的短视频内容，再进行分析和总结。下面以《一色神技能》的食物类视频为例介绍（表3-1）。

表3-1　食物类视频数据

序号	标题	推荐量	播放量	评论量	收藏量	转发量
1	这样吃洋葱会让你更年轻，不信你试试	186705	67219	7	1525	792
2	1杯水竟然可以辨别出真假蜂蜜，真是长知识	210455	24382	12	1100	64417
3	夏季香蕉的高格调吃法来了，简直好吃到爆	344354	34789	6	1048	37119
4	黄瓜竟然还可以这么吃！你一定不知道	477419	57325	19	984	478

表3-1中4类关于食物类的短视频的转发量的差距比较大。可以发现，转发量大的视频特点比较实用，不少用户转发是为了让朋友看见，觉得可能对朋友有用。

另外，短视频的播放完成率、退出率以及平均时长也是需要注意的参数。播放完成率越高，说明短视频的内容相对来说是比较吸引用户的。在这一方面，有故事性的内容方向通常具有较大的优势。而退出率高则说明短视频的内容相对来说并不受用户欢迎，也有可能是短视频制作者夸大标题吸引用户点击查看，用户却发现标题与内容严重不符，自然不愿意继续看下去。

> 农产品短视频+直播

最值得关注的数据还是平均播放时长。假如短视频的时长总共4分钟，但是平均播放时长仅为1分钟，这是一个相当失败的数据。短视频制作者需要打开这个短视频反复观看前面的1分钟，了解用户为什么看到这儿的时候选择退出。通常情况下，短视频需要在开场的5秒内抓住用户眼球，否则后续的内容再精彩也无济于事。

上述内容是以推荐平台为例，但每一个平台还会有自己的数据。短视频制作者需要通过这些数据来了解平台、用户的特性，进而抽取重点内容来进行策划，以此做出更受用户欢迎的短视频。

二 当下更受用户欢迎的短视频内容标签

无论是视频内容还是观看渠道，短视频都对传统的视频形成了巨大冲击。根据统计预测，2020年短视频市场规模将有望突破200亿元。短视频平台成为主流消费群获取信息的重要渠道，对于视频制作者和广告主而言都具有十分重要的意义。就目前情况而言，视频制作者生产的众多内容类型当中，更受用户欢迎的短视频内容标签有以下5种（图3-3）。

图3-3 当下更受用户欢迎的5类短视频内容标签

标签一：教程

教程类视频的内容通常是对某一事物进行演示、制作的过程。教程类视频是视频制作者利用自己的独到经验将事物的美好、完善的方面展示出来，也是能够吸引用户的重要支撑点。对于农产品短视频博主来说，可以采用美食类教程来吸引粉丝。比如，曾经风靡一时的营养什锦番茄饭，只采用了一些简单的食材放进电饭锅烹饪，但是视频一经发布，点赞量超过100万。

详细的教学过程以及传授的独特技巧，是教程类视频能够脱颖而出受大众欢迎的重要原因。相关统计数据显示，教程类视频每年的搜索量都在持续增长。

标签二：Vlogs

Vlogs即文字博客的视频版，博主以视频的形式表达日记内容，记录下自己的日常生活、所见所想等，是近些年来开始流行的视频类型。Vlogs在我国通常在新浪微博平台中出现，在国外有You Tube等平台。Vlogs展现了博主的日常生活状态，并且很少会通过特效和剪辑呈现出来，这种方式既能够满足用户对博主的好奇心，也能够很好地拉近博主与用户之间的距离。

标签三：搞笑

在当今社会生活压力日益增大的情况下，搞笑视频能够以使人们放松的调剂品的角色出现。因此，在视频榜单中，搞笑视频一直都占据一席之地，甚至占了全部短视频的一半。

标签四：盘点

盘点类短视频通常分为两种。

一种是产品盘点，主要在季末、年末等特定时间集中出现，视频制作者会通过短视频来介绍近段时间使用过的、值得推荐的产品。另一种是视频盘点，通常会针对某一特定主题来进行对比、点评。比如"今年最受欢迎的10种美食"等，产品类型相对单一，尤其适合横向发展，从这一方向能够延伸出更丰富的内容，但是要求针对某些特定的目标受众。

标签五：开箱

通常情况下，开箱视频是指将收到的包裹打开，向用户展示并且介绍包裹内容的视频。但是这一类视频的重点并不在于包裹的内容，而是短视频制作者的反应。因此，这类视频也延伸到了其他方面，通过五花八门的物品、渠道等来录取视频中人物的第一反应，失望也好惊喜也好，这都是用户真正想要观看的"重头戏"。

从生活到娱乐，从学习到应用，人们生活的方方面面都受到了短视频的影响。短视频重新定义了视频生产以及观看的形式，也在不断塑造着新的被用户所接受的流行文化。

农产品短视频+直播

三 短视频博主人设定位选定技巧

毫无疑问，2016年是短视频的元年。虽然短视频平台早在2004年就已经出现了，但是直到2016年，"papi酱"（当时是一个年轻的短视频达人）快速爆红才让用户开始关注这一"时间杀手"，于是大量资本、团队开始逐渐涌入短视频领域。用户平台属性不一样，导致用户的偏好有所不同。短视频博主需要在一定程度上迎合用户的口味，营造自己的人设，才有可能获得用户的认可，为自己的短视频发展营造一个良好的基础。而在营造短视频人设的过程中，短视频博主需要遵循"三不"原则来为自己进行定位（图3-4）。

不要随波逐流	人设要根据团队、市场、平台属性、自身情况等综合因素选择和设定
不与头部争赛道	人设不要模仿头部账号，而是寻找自己的方向，这样才有成为头部大号的机会
不一样的表达方式	确定自己的独特性，做到高辨识度，才有可能输出不一样的内容

图3-4 短视频博主人设定位"三不"原则

（一）不要随波逐流

与长视频的寡头垄断行情相比，不同短视频所针对的受众并不一样，因此用户偏好也有所不同，这便造成了同样的博主人设在不同平台中的流量表现不一样的情况。各大短视频平台是内容的出口，因此博主最好遵循不同平台之间的规则、玩法、用户偏好等。比如美拍平台适合5分钟左右的短视频，可以将一个故事较为完整地展示出来；抖音平台适合15秒的超短视频，由于时间限制问题，并不适合长剧情的渲染，尤其需要注意把握剪辑节奏。

以短视频博主"二更"为例介绍。早在2016年，记录性精品短视频便以新的短视频内容形式出现在大众面前，并且呈现出良好的发展势头。随后，不少博主都紧随着这一趋势，不管自己是否会做纪录片，都涌入其中。然而发展至今，大约90%的博主都没有获得成功，而二更是成功的10%中的一位。

二更能够从众多竞争者中脱颖而出，主要由于这个团队中，有一半成员来自于传统媒体,基本功比较扎实。无论是对纪录片的理解,还是对市场、客户分布情况,都有一个明确的概念,因此才成为人文微纪录片里面的标杆。

虽然二更在微博、美拍中有着不错的表现,吸引了大量流量,但是它的单镜头叙事模式在抖音之类的超短视频中难以将拍摄意义体现出来,因此即便抖音平台发展得再好,二更也没有在抖音中构建流量。

二更的案例表明了短视频也需要深耕细作,首先应该奠定好自己的基础,而不是看到哪一方面火热便扑上去。另外,还需要做好自己的定位,选择最适合自己的平台。

"我是张大勇"与"我是小熙"都是"三农"视频领域的佼佼者。

其中,"我是张大勇"是今日头条签约的短视频博主,视频的内容都是关于乡村生活的。除了今日头条,其短视频还在西瓜视频、哔哩哔哩(BiLiBiLi)等主流渠道上播放。

而"我是小熙"同样是一名知名的短视频博主,2016年开始运营自己的短视频账号,短视频内容同样侧重于展示乡村生活(图3-5)。

图3-5 "我是小熙"短视频截图

2018年,"我是张大勇"与"我是小熙"年收入跨进了百万大关,成功实现脱贫致富奔小康,这对于大多数农民而言是可望而不可即的。那么,他们凭借什么实现这一点呢?

下面将为大家深入解析爆款短视频背后的成因,如图3-6所示。

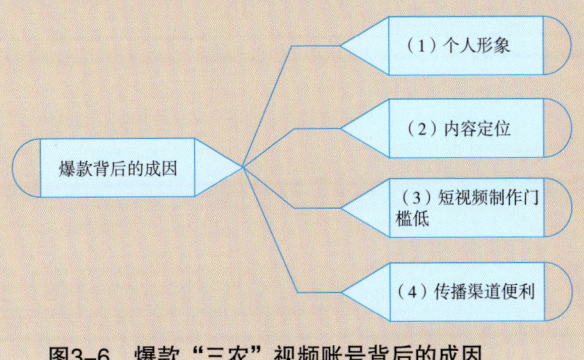

图3-6 爆款"三农"视频账号背后的成因

农产品短视频+直播

（1）个人形象

张大勇与小熙都是憨厚淳朴的农村汉子，二人都是长相平凡，甚至有些大众脸的形象，性格幽默。这样的个人形象，观众不会有排斥的感觉，愿意去了解他们的日常生活。此外，他们的生活场景贴近观众的生活，拉近了与观众之间的距离，同时可以从短视频中学到东西，这样的视频对观众更有吸引力。

（2）内容定位

说到自媒体，人们首先想到的是娱乐、竞技等大类。说到自媒体人，首先想到的则是咪蒙、胡辛束这些做得比较成功的运营者，他们大多数都有媒体的从业经验，定居在大城市，为城市用户制作内容。而以张大勇、小熙为代表的农村自媒体人的崛起，将市场放在了三、四线城市以及广大农村。他们的出现是自媒体行业对这一内容的补充，填补了这一消费群体的市场空白。

（3）短视频制作门槛低

随着互联网技术的发展，生产、传播、消费等成本和门槛进一步降低，更多资源较少的农村民众可以通过自媒体进行自我价值的实现。

在制作过程中，无论是对硬件设备还是制作人员的专业技能的要求都不高，利用自身积累的搞笑视频观看经验，只要有一部手机就可以进行短视频的拍摄。

在电子设备普及之前，视频制作行业的资金与技术门槛都是非常高的，需要专业的课程培训。如今，出现了大量易于使用的编辑软件，比如剪映，创作者很快就可以熟练掌握拍摄、剪辑的技能。

（4）传播渠道便利

以今日头条为代表的传播平台，使得"三农"视频在渠道层面上传播得越来越广。"三农"视频属于内容消费，是比物质需求更高层次的精神需求。智能手机价格的下降使农村用户很容易拥有短视频接收设备，能够利用零碎的时间来浏览信息。9亿农村人口已经发展成为一个巨大的内容消费市场。

张大勇在成为短视频博主前从事建筑工作，小熙也是一个普普通通的农村人，他们的视频虽然制作没那么精致，但粉丝绝对忠诚。不仅是张大勇与小熙，还有很多"三农"视频的创作者都在通过自己的短视频为农村发声，为农村的变化做出贡献，通过短视频创造社会价值，实现自我价值。

因此，博主需要根据自己所发布的内容来确定适合自己的人设。如果盲目冲到最多人营造的人设角色中，往往需要付出更多的代价才能胜出。切记，博主不要随波逐流，找准最适合自己的发展方向以及发展平台，并且根据团队的属性因素、未来的市场发展趋势以及平台用户偏好属性来定位人设。

（二）不与头部争赛道

部分领域已经出现了头部账号，比如美食领域的办公室小野、日食记等，搞笑领域出现了陈翔六点半、papi酱等，美妆领域出现了张凯毅、认真少女颜九等。这些领域的头部地位站稳之后，博主再去模仿他们，不管再怎么努力也很难超越他们。

日食记是美食领域中表现得非常好的一个账号（图3-7）。如果你想要在精美美食方向做出成绩，是很难拼过日食记的。厨娘物语便是一个教训，刚开始崭露头角便被指为抄袭，更不要说其他名气还不大的博主了。

图3-7　日食记短视频

目前短视频以抓住注意力为发展方向，这代表着抓住了流量。而短视频头部账号往往具备着强大的影响力，并且存在众多竞争对手，博主再往这一方面营造人设的意义并不大。即便这个人设红起来了，也难以维持下去。与这些已经存在头部账号的领域相比，垂直领域的发展刚刚起步，存在很大的发展空间。因此，在定位人设的过程中，博主可以找到属于自己的垂直领域，这样一来还有可能会成为头部大号。

（三）不一样的表达方式

垂直细分领域是指在纵向的垂直行业板块中，深度挖掘主要业务。在垂直细分领域的基础上，博主用不一样的表达方式更能提高自己的辨识度，有助于自己从众多竞争对手中跳出来。

我们都知道，在黄种人的群体中，个别的白人会格外显眼；身高比较高的人在普通人群中更引人注目；千篇一律的瓜子脸大眼睛看多了，偶尔出现一个圆脸的博主也可以吸引大家的目光。同样的道理，如今市场同质化严重，短视频博主需要长期在细分领域中深耕内容，才能让自己的作品具备高度的辨识性，这种与别人不一样的内容更容易吸引相应领域的兴趣群体。

比如，在同一个领域中，博主可以选择与年轻用户喜好相符的方向。以农村原生态美食为例，同样是做美食，自己的定位需要风格化。像"我是小熙"一个热爱美食的农村小胖，他不紧不慢地做菜，平平淡淡的快乐让大多数人羡慕，让人体会到家的味道，因而成为美食领域中的一大亮点。

人设是营造出来的，自然会有一些美化的成分，如果经营不当，也有可能会面临初始形态暴露，引发负面影响的风险。如今网络上出现了不少人设崩塌，导致竹篮打水一场空的现象。由此可见，人设崩塌是每位短视频博主需要考虑的风险。因此，短视频博主需要提防人设崩塌。通过多方面总结，不难发现以下3方面的雷区是短视频博主在营造人设时不可触碰的。

1. 勿碰道德雷区

当短视频博主具备了名气后，影响力也随之增加，因此也需要承担相应的责任。粉丝和普通用户都会拿着放大镜来观察博主的一言一行，博主不要抱着侥幸的心态去触及道德雷区，一旦被发现，将难以发展。

2. 避免言过其实

短视频博主营造一个立体的人设，需要从多个方面中显示出来。但如果是不影响人设主要标签的信息，建议不要过分美化。比如农村原生态美食博主给自己营造的人设是朴实、憨厚等，这种情况之下，基本不需要过多的家庭信息。如果只是普通家庭出生的博主，千万不要给自己营造出你"很有钱"的样子，维护成本高不说，一旦被拆穿，将会造成粉丝的反感。

3. 保持谦逊

博主在发展越来越好的情况下，应当多多注意心态的变化，避免给粉丝留下急功近利、"吃相难看"的印象，时刻保持谦虚是最好的办法。

营造人设是迅速圈粉的手段之一，尤其是在如今的粉丝经济中，迎合大众喜好来营造一个好的人设是热度提升的重要手段之一，能够给短视频博主带来不少的收益。但与此同时，人设也是一把双刃剑，若没有把握好将会给自己带来重创，因此短视频博主需要把握好人设的尺度。

任务二　展现形式定位

短视频生产流程简单，制作门槛低，同时还具备全民参与性，并且不像微电影一样需要具备特定的表达形式。短视频的展现形式丰富多彩，巧妙利用视觉记忆力来展现短视频，能够有效并迅速吸引用户。

短视频展现形式的常见类型

对于不少短视频新手而言，他们并不了解自己所创作的内容更适合采取哪一种展示形式，这对他们的短视频起步造成了困扰。以下是短视频展现形式中最常见的3种类型，如图3-8所示。

A　录屏形式
B　自演自说形式
C　剧情形式

图3-8　短视频展现形式的3种常见类型

（一）录屏形式

录屏形式是短视频博主下载安装录制电脑屏幕的软件，然后将自己在电脑上的操作记录录制下来。在录制过程中，短视频博主也可以录音，进行更完善的录制。最后，将所录制的视频内容导出为视频格式文件。

日常的课件录制、操作视频等通常都是以录屏的形式呈现出来的。在录屏形式当中，最受欢迎的内容自然是游戏解说类、电子竞技类等。录屏形式有助于短视频博主实时将正在操作的内容记录下来，进而完成教辅、讲解等目标。录屏形式真正操作起来并不麻烦，只要稍微学习一下，短视频博主便可轻松上手。

（二）自演自说形式

通常情况下，自演自说形式只需要短视频博主准备一个摄像头、一个话筒即可，这种方式在搞笑类的短视频中比较常见。自演自说形式操作比较简单，并且成本相对较低，但是能够呈现出自我风格的短视频博主通过这种方式很容易圈粉。

自演自说形式是比较受欢迎的一种短视频展现形式，但是这一方式对短视频里展现的人物的要求较高，既要有表演天分，同时也需要有真材实料。如果能够具备这些条件，那么很有可能表演几个短视频便能获得上百万的播放量。如果展现人物的条件不够优秀，不仅播放量不乐观，掉粉速度也会非常快。因此，如果短视频博主本身不具备这些条件，在进行自演自说式短视频时，最好不要亲自上阵，而应找一些条件较佳的人来进行表演。

在自演自说形式的短视频中，要求视频人物必须做到自然、平实，同时能够将笑点、悬念等效果最大化呈现，否则视频全程缺乏看点，自然没办法引起用户的关注及转发。

（三）剧情形式

相对于前两种而言，剧情的展现形式成本相对较高，因为这一展现形式通常需要较为完整的情节，同时主题也要足够突出，需要2个或者2个以上的演员进行合作。在某些情节上，短视频还要反复拍摄多次。

由于剧情本身所包含的情节特点，剧情形式的短视频相比其他类型的展现形式更容易吸引用户，并且迅速积累粉丝。

除了以上3种展现形式，采访形式、动漫形式等也是出现得较多的短视频展现形式。短视频博主究竟要选择哪一种类型的展现形式，需要根据生产内容、成本等进行综合考量。

如何策划出更受大众欢迎的短视频展现形式

不同的短视频内容所需要呈现的展现形式不一样，但每一种展现形式都有利有弊。能够充分利用展现形式的特点，让短视频内容更具吸引力，是每位短视频博主都需要面对的问题。比如，采用图片展示形式的短视频展现方式最简单、成本最低，但是如果图片展示不好，很容易造成短视频整体的冲击力不佳，让用户产生枯燥的感觉。如果能够选取有极强冲击力的图片，获得的点击量也会非常高。

因此，短视频博主在创作短视频时，需要根据不同的展现形式进行策划。

接下来以上述常见的展现形式为例,讲述如何策划出更受大众欢迎的短视频展现形式。

(一)录屏形式

录屏形式的短视频通常面向的用户是需要迫切学习、了解某方面的知识、技能的人,因此用户所关注的便是短视频为他们解决了什么问题,或者是提供了什么价值。利用这一点,短视频博主在策划内容时便可以以行动号召作为方向。在策划录屏形式的短视频内容时,可以通过标题、文案等来表达自己能够帮助用户。比如,卖蜂蜜的农产品短视频博主可以利用鉴别蜂蜜的知识来吸引粉丝,从而达到推销蜂蜜的目的。

短视频博主以行动号召来呈现用户想要看到的内容,并且解决他们的问题,用户自然会对这个短视频产生好感,也有助于短视频博主在互联网领域中进行营销。

步入新时代,电子商务的兴起对传统销售模式带来了巨大冲击,草庐蜂业应时而变,开启了电商发展模式。

作为草庐蜂业的联合创始人,张淑英发现有太多的人对蜂蜜了解太少了,有的人只知道蜂蜜可以美容,有的人只知道蜂蜜可以治疗便秘,有的人只知道蜂蜜很好吃……不可思议的是,这些人中不乏有一些是常年食用蜂蜜的朋友。还有一些人也知道蜂蜜有很多好处,但是因为市场上充斥着大量假冒伪劣蜂蜜,经常上当受骗,对蜂蜜已经失去了信心。

于是,张淑英决定亲自做一档蜂蜜视频直播栏目,并把它称之为"甜蜜讲堂",见图3-9。此直播作为全国第一个蜂蜜视频直播讲座,通过每周一次的视频直播分享,让人们彻底了解蜂蜜的相关知识。比如,知道如何辨别蜂蜜真假,如何挑选适合自己的蜂蜜,如何食用蜂蜜才能带来更好的效果,如何用蜂蜜美容,如何用蜂蜜保健,如何用蜂蜜治病等知识。

图3-9 草庐蜂业的甜蜜讲堂

农产品短视频+直播

在草庐蜂业的带领下，部分养蜂人基本全部脱贫，日子也越过越甜……而草庐蜂业，在帮助他人创造甜蜜生活的同时，也酿造了自己的甜蜜生活。在脱贫攻坚如火如荼的进程中，草庐蜂业勇担社会责任，已确定了精准的目标——未来一年内，帮助5 000人脱贫，让他们通过自己的劳动增收致富，共同步入小康生活。

（二）自演自说形式

自演自说形式的短视频通常在搞笑类内容中比较常见，因此策划此类内容可以以搞笑类为标准，学会从搞笑类的短视频中寻找亮点。这一展现形式与脱口秀相似，都是需要铺垫与笑点来完成的。也就是说，通过铺垫内容来制造预期，然后解读预期的源头来制造笑点。

但是短视频与脱口秀又不一样，脱口秀更注重的是语言上的表达，而短视频更注重于表演内容。因此，自演自说形式的短视频在策划时，可以选取段子式神转折为重点内容，以便在各种情况下得到最大化发挥，并且收获相应的效果。通常情况下，这一策划流程大致如图3-10所示。

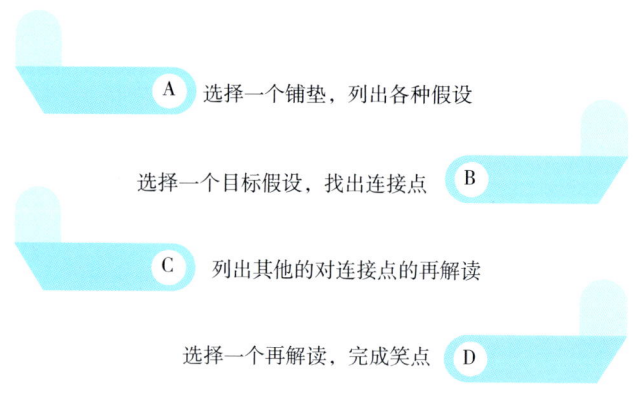

图3-10 自演自说形式短视频策划步骤

（三）剧情形式

对于剧情形式的短视频内容来说，短视频博主在策划时，需要做到内容有创意、有态度，才能更受欢迎。通常情况下，可以通过加剧情、剧情延续或者改剧情来实现这一目标。

1. 加剧情

短视频里有许多操作是非常专业、实用的，但是这些内容对于不少用户来说显得有些枯燥，吸引力会降低。因此，短视频博主可以自己加入一些剧情，让内容变得更为有趣。短视频平台的发展路线基本上都围绕着重剧情和有态度进行，单纯高效的剧情只是初级策划办法，如果能辅以技术流类的内容进行策划，自然更容易受用户喜爱。

2. 剧情延续

当剧情形式的短视频已经形成了一定的热度，为了能够持续性发展，短视频博主可以进行剧情延续，因此在策划时可以将反套路、剧情发展（后续情节）、态度回应等剧情内容加入其中，让剧情更受喜爱。

3. 改剧情

改剧情是指在创作短视频内容时，沿着前一小段的剧情表演，把后一段剧情改掉。但这与神转折的内容有所不同，神转折是建立在原创的基础上进行的，而改剧情是针对当下有一定热度的短视频主题而进行的。短视频博主在策划这一类内容时，应该注意所改变的剧情的发展方向，或搞笑或表明态度或是其他。

如今大量爆红的短视频内容都是在原本有一定热度的剧情短视频的基础上进行修改的，因此短视频博主在策划时要对改动剧情加以重视，但需要注意的是，短视频博主在进行改动时，不要一味地模仿，而要充分发挥自己的才能来完成创意。

总而言之，策划出用户最喜爱的短视频展现形式，无非是围绕创意、解决需求等来进行，是锦上添花的行为。想要真正受用户欢迎，短视频博主还需要加强内容上的创作。

任务三　持续产出能力

如今越来越多的互联网巨头加入了短视频的战场当中，腾讯、百度、阿里也不断地在短视频市场布局并且增加投入，抢夺用户时间的赛道越发拥挤。比

农产品短视频+直播

如2018年腾讯与喜马拉雅达成合作，打通双方内容会员权益，这明显意味着视频内容产业正在从"流量至上"转变为更加注重内容的广度与深度。内容的日渐重要要求短视频团队具备持续打造精品化内容的产出能力，以稳定的内容产出机制来支撑短视频在新一轮竞争中获得优势。

一 短视频运营团队常见分工方式

短视频团队需要找到合适的人才能组建起来，并且在组建过程中需要不断根据各方面因素来调整人员结构，明确各方分工，以此来达到最佳的人员配置组合。短视频团队在人员数量、岗位职责、知识技能方面都有明确的要求，这些内容都是明确人员分工的因素，下面将逐一进行介绍。

（一）人员数量

短视频的工作流程通常分为六大板块，分别是前期准备、内容策划、拍摄、剪辑、发布以及变现和粉丝转化，每一个板块又有相应的细分内容。除非一个人同时具备策划、拍、演、剪、包装以及其他能力，否则是无法独立完成短视频工作的。

通常情况下，短视频博主在确定视频内容方向之后，视频周产2~3个，视频时长通常控制在5分钟之内，因此建议短视频配备人员在4~5人。需要注意的是，团队配备人数与短视频的内容方向是有关系的。比如短视频若是往乡村旅游方向发展，4~5人的团队是远远不够的。

（二）岗位职责

在短视频的经营初期，团队人员都需要负责多项工作，因此需要掌握的技能也比较多。通常情况下，短视频团队的人员可归纳为4个角色。

1. 编导

在短视频节目中，编导相当于导演，短视频的风格、内容方向、策划以及脚本都是编导需要负责的内容。不仅如此，在拍摄与剪辑的环节，编导也需要参与其中，由此可见这个角色的重要性。

2. 摄影师

主要负责拍摄，但是对于初创的短视频团队而言，摄影师还会涉及搭建摄影棚、设定视频拍摄风格等工作。

3. 剪辑师

当拍摄成片出来后，需要剪辑师剪辑精彩内容以及做出适当的修饰。不仅如此，剪辑师还需要设计策划整个流程，因为这将会影响短视频的剪辑与包装问题。也就是说，在团队创建初期，剪辑师同时需要负责或者参与短视频包装等内容。

4. 运营

在视频完成后，如何将内容实现最大程度的曝光、通过什么渠道来宣传更合适、如何管理用户的反馈内容等，都是团队中运营人员需要负责的内容。

（三）团队岗位应该具备的技能

每一岗位需要负责的内容并不一样，因此需要具备的技能也会有所出入。但是对于短视频团队人员来说，大多数技能即便在一开始并不精通，也可以逐渐了解基础知识，并且不断进行学习。短视频团队各岗位应该具备的技能如表3-2所示。

表3-2 短视频团队各岗位应该具备的技能

岗位	策划	镜头脚本	拍摄	剪辑软件	包装软件	能上镜	普通话好	爱看视频栏目
编导	精通	精通	√	√	基础	√	√	√
摄影师	√	精通	精通	√	基础	√	√	√
剪辑师	√	√	×	精通	精通	√	√	√
运营	√		×	基础	×	√	√	√

注：打"√"代表这一岗位需要参与该环节或者具备较强的技能；

打"×"代表这一岗位不需要些技能，但是也可以进行学习。

明确分工之后，短视频博主可以根据以上的分工需求来招聘人员。短视频团队并不稳定，尤其是在发展初期，需要招聘的人员往往需要身兼多职，招聘难度较大。不仅如此，整个团队的组建过程较长，更需要准确选择合适的人才成为团队中的一员，才能有效降低试错成本。下面将从发布职位、筛选简历以及面试这3个维度来介绍短视频团队的招聘计划。

1. 发布职位

短视频团队的职位通常包括视频运营、视频编辑、视频编导、视频策划以及视频摄影师这5个岗位，因此在各大渠道中的职位主要针对这5个来发布。这5

类职位的招聘文案可参考各个岗位所需要具备的技能或者同类职位的要求。当然，如果是热爱互联网行业的通常可以优先考虑。

2. 筛选简历

收到简历后，通常要筛选出最适合短视频方向的人，因此选择有相同的视频专业、经验的或者是相同的职能专业、经验的人会更为合适。

3. 面试

在面试环节中，针对视频内容的岗位，可以重点考察3个方面。首先是作品，这一方面要问得详细一些，比如面试者有过什么作品、在作品中担任什么角色（导演、演员、剪辑等）、完成作品所需的时间等。另外，还需要考察面试者都具备什么技能，作品中是否有使用这些技能、是否产生结果等。技能是相当重要的考察方面，比如有的面试者表示不会使用After Effects软件，这并不适合团队发展初始的招聘要求，面试者如果不会使用这一软件对视频进行简单包装，那么团队中还需要增加一个专门进行包装的人员，这将会增加用人成本。

最后，考察一下面试者的临场反应能力也是不错的选择。短视频博主可以针对不同岗位设置不同的现场提问，比如编导来策划某一主题，摄影师评判某一拍摄作品的优缺点等。尤其需要注意的是运营岗位的面试者，需要了解他们对短视频的兴趣程度，有什么喜欢的短视频栏目，对某些短视频的见解，是否愿意学习相关知识等，另外再考察一下面试者是否具备创意及策划能力。

当然，像团队人员的基本素质、执行力等问题也是需要考察的，在此不一一赘述。每个团队应该根据自己的独特点来制定考察方法，相信大家能够通过自己的一些方法来获取想要的信息。

二 实现短视频创作流程机制化实用方法

随着内容消费的兴起，短视频也掀起了一股全民热潮，同时给品牌带来了新的营销尝试。而品牌各种各样，如果短视频团队想要把控时间、人力和资金等成本，以最低的成本获得最好的传播效果，那么最为可行的办法便是确定一种效果好的短视频创作流程机制。

（一）根据要求，构思创意

在明确短视频主题之后，如何根据主题来以最佳的方式呈现，这便是首先需要考虑的重点。比如对于乡村生活类的短视频来说，给用户呈现出直观的效果便是最佳的创意方式，因此需要思考的问题便是如何让短视频制作得更为直观。比如，有的团队是通过列出多种方案的呈现形式，每一种形式都拍摄一些简单的素材，并且通过身边的人来获得共性反馈，以此来了解呈现的效果。随后，团队便可以根据反馈进行调整，最后确定短视频的拍摄风格以及呈现形式。

农村四哥是一位来自四川省泸州市回虎村的农民，其真名叫王荣琪。如今他是"三农"领域的一位很有名的"网红"——农村四哥，在网络平台上拥有近400万的粉丝，他每天拍摄一些乡村生活（图3-11），然后剪辑完视频上传西瓜视频等自媒体平台。其中一条农村视频，曾经获得过1000万的阅读量。通过每天拍摄农村短视频，他每个月有10万元的收入，通过直播带货，每年也有100多万元的收入，他成为"三农"领域"网红"之后，不仅实现了自己的脱贫致富目标，而且还通过帮助老乡们销售笋干给父老乡亲增加了不少的收入，帮助他们摘掉了贫困的帽子，走向脱贫致富奔小康之路。

图3-11 农村四哥的短视频截图

虽然农村四哥的视频看起来比较简单，但是构思非常有创意。在他的视频里，原本安静的山间丛林、农村老屋、田土庄稼开始变得"兴奋"起来，母亲坚韧可爱、父亲沉默实干、女儿活泼可爱的形象被人们青睐，而这也是人们喜欢"农村四哥"视频的一大原因。

农产品短视频+直播

而对于已经比较成熟的短视频团队而言，通过大数据分析工具来分析同类短视频，通常能够获得更为精准的答案，以便不断调整和优化拍摄的创意与呈现（图3-12）。根据这些方式能够快速获得适合不同方向的短视频拍摄风格，在确定出拍摄风格以及呈现形式之后，团队便可以着手准备脚本，这在后续内容中将会进行详细介绍。而对于不方便展现的镜头，可以换一种思路来进行。

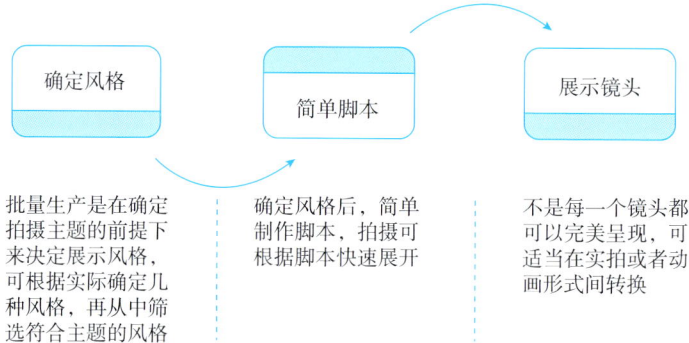

图3-12 构思创意的3大重点

（二）人员与道具的准备

在生产内容阶段，每个团队都需要提前准备人员和道具，只要根据图3-13的内容进行准备，实现流程化生产便会轻松许多。

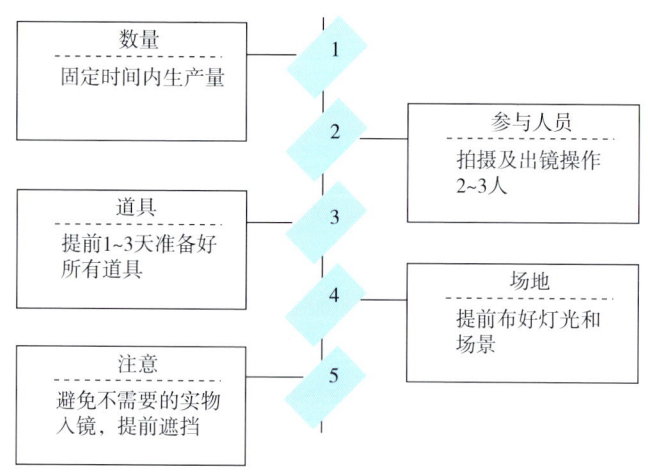

图3-13 生产内容阶段的准备

在准备好上述阶段的内容后，便可着手进行拍摄准备。对于需要大量快速生产的视频流程，可以通过制作表格来了解各个团队需要创作的方向以及创作量，归好类之后可以安排拍摄人员对内容相近的进行集中拍摄，能够大幅度提高拍摄效率，让短视频制作流程化。

拍摄所用的很多道具都是需要提前准备的。通常情况下，团队可以提前1~3天将道具准备齐全。对于演员有外形要求的，也需要提前联系，让拍摄流程更为顺畅，避免出现临时抱佛脚的情况。

（三）视频的画质、音质

拍摄过程中，画质和音质是团队需要重点关注的内容。画面清晰是基本要求，需要一个对设备熟悉的摄影师，避免出现对焦失误而导致画面模糊的情况。另外，摄影师要学会抓重点拍摄。对于声音的基本要求是足够清晰，并且没有噪声，音质要高，这便需要准备较为专业的收音设备，团队可以视情况而选择。

（四）后期剪辑注意事项（图3-14）

剪辑是最后的事项，是不容忽视的环节。即便内容拍摄得再好，如果团队没有剪辑出重点，那么之前的所有工作相当于功亏一篑。这便要求剪辑师对拍摄素材有一个基本的了解，并且掌握视频的核心诉求，才能有的放矢。

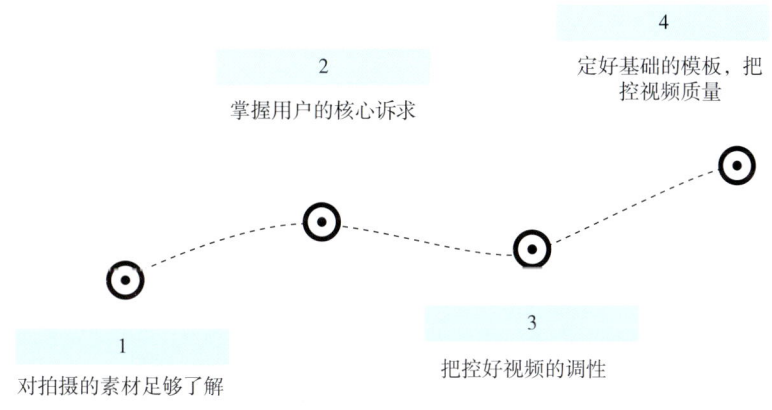

图3-14　后期剪辑注意事项

另外，剪辑风格也会直接影响视频的效果，因此在动手剪辑之前便要把控好。比如一些对于生活细节上的内容展示，通常需要的都是以近景和特写为主，但如果剪辑师剪辑出了远景的展示，视频主题将会表达得不到位。而流程化的生产机制，需要合理制订好模板才能实施，团队可以将片头、片尾、转场页都提前准备好，提高制作效率。

农产品短视频+直播

在创作短视频流程化机制的过程中，短视频团队需要牢牢把握各个节点，熟悉每一个环节，做到心中有数。

任务四　短视频内容创意策划

短视频的风靡给众多普通人开辟了一条发挥才能的康庄大道，但是加入人数众多，竞争激烈，因此想要从中脱颖而出，除了本身所具备的才能，还应该有让人叹服的创意，这要求短视频在进行策划时便从多个角度出发，并且认真执行让方案落地。

一　短视频内容创意脚本撰写中的关键点

短视频脚本可分为3种类型，分别是拍摄提纲、分镜头脚本以及文学脚本，在此便深入阐述一下这3种脚本形式的撰写关键点。

（一）拍摄提纲

如果短视频的方向是纪录片形式，需要赶往现场进行拍摄，进行这一操作之前要根据摄录内容来编写预期拍摄要点，便可以以拍摄提纲的形式进行。当然，故事片拍摄方向也可以使用这一脚本创作方式。当某些场景不方便预先分镜头时，短视频导演与摄影师将会根据拍摄要点来创作拍摄提纲，在拍摄现场进行灵活处理。由此可见，拍摄提纲脚本是在对拍摄内容不确定的情况下而拟定的，能够对短视频的拍摄起到一个提示的作用。

拍摄提纲脚本基本不受限制，摄影师根据这一脚本拍摄内容的自由发挥空间较大，但是对于视频后期的指导效果是有限的。因此，短视频内容如果不是有特别多不确定因素，并不建议采用制作拍摄提纲形式。

（二）分镜头脚本

创作分镜头脚本的关键点在于细致，必须要将每一个画面、细节都掌控其中。创作分镜头脚本对于画面的高要求能够展现出短视频极强的故事性，如果短视频不受更新时间的限制，采取这一种脚本方式能够创作出相对精彩的内容。然而，也正是由于这一类脚本对于内容细致的高要求，创作起来耗时耗力，因此一般的短视频内容很少会采取这一种脚本方式。

（三）文学脚本

文学脚本与以上两种脚本相比，基本上所有可控因素的拍摄思路都会被罗列出来，在时间效率上也比较合理。文学脚本的关键点在镜头拍摄要求上，一些不需要剧情引导发展的短视频便可以采用这一脚本方式。

综上所述，脚本创作还是需要根据自己的短视频发展方向来选择，另外就是不要过于死板，可以适当进行改良，将不好把控的因素给去掉也是可以的。只要根据短视频的特性来实施，创作出形式简单、内容丰富的脚本便不再困难。

 做好短视频情感融入与把握展现节奏的黄金法则

据了解，各大短视频平台的主流内容基本上以搞笑、游戏以及各类教程为主，而叙事较强的剧情类、情感类的短视频却出现甚少。究其原因，还是短视频在表达这一类内容的情感与节奏时没有充分把握，节奏过慢，情感便难以传递出去，用户对短视频则无感；节奏过快，会让用户感觉情感投入不专业。不把握好短视频情感融入与展现节奏之间的契合点，便难以让用户深入短视频场景当中来感受短视频想要传达的情感要素。

由此可见，表达短视频的情感基调时，需要正确把握好表现节奏，否则会让短视频整体显得相当违和。比如短视频内容本身是表达温暖治愈情绪的，但是展现节奏过快，用户便无法从中获得相应的情感体验，而短视频本身也会显得粗制滥造。因此，短视频博主很有必要去培养一下节奏感。

掌握短视频的情感基调，还是要看短视频需要表达的主题内容以及想要向用户传达出什么样的情绪，是轻松活泼的搞笑风格，还是能够舒缓解压的温暖治愈系风格。基于情绪的整体基调，才能形成短视频当中对人、事以及画面等的节奏把控。

除了叙事类这种比较看重情节的短视频，大部分类型的短视频的节奏都需要由背景音乐来带动。为了让情感融入与节奏更加契合，在剪辑短视频时应该先进行粗剪，从中了解节奏感并选择最合适的背景音乐。总体而言，短视频节奏与音乐匹配得越好，画面感越强，能够带动的用户情绪则越高。

农产品短视频+直播

因此,确定短视频的情感基调之后,可以通过挑选相应的背景音乐来展现整体节奏。比如"三农"类的短视频可以选择慢节奏,这可以让人们更加向往农村慢节奏的田园生活。每段短视频都有自己独特的情绪和节奏,便能够让画面呈现出更能带动用户的感觉。

项目四

视频拍摄

　　拍摄短视频是进行短视频营销的关键。一个优质的短视频能帮助人们吸引更多的粉丝，收获更多的流量。那么，如何才能拍摄出优质的短视频呢？本项目以抖音为例，从拍摄前准备、抖音拍摄功能、切换音乐拍摄流程、拍摄提升技巧和拍摄后发布等方面介绍优质短视频的拍摄。

农产品短视频+直播

任务一　拍摄的准备工作

作为新手，初来乍到拍摄短视频，肯定对需要做什么准备工作都不甚了解。实际上，拍摄前需要掌握的知识往往是最重要的，它决定了短视频是否能够拍出水平和质量。那么，拍摄高质量短视频的相关准备工作都有哪些呢？

 选择对象：清晰传达短视频的中心思想

短视频的拍摄，有一个要点要注意，那就是要明确地体现出短视频想要表达的主题。往往有中心思想的短视频，才有其独特的魅力。而要想更好地表达短视频的中心思想，就需要短视频有一个良好的画面呈现。而良好画面的呈现，就需要在选择拍摄对象时加以注意，这样才能保证更清晰地表达与传递短视频的中心思想。

（一）选择主体：放置在最突出位置

所谓主体就是指短视频所要表现的主题对象，它是反映短视频内容与主题的主要载体，也是视频画面的重心或中心。在短视频拍摄中，主体的选择十分重要，它关系到拍摄者想要表达的中心思想是否准确。

在展现拍摄主体时必须直接而清晰，并将其放置在短视频画面中的突出位置，如图4-1所示。这是因为短视频的内容有限，必须在很短时间内就让受众明白要描述的主体和要表达的主题。

在展现视频拍摄主体时，一般用得比较多的构图方式是主体构图或中心构图。也就是让主体充满视频

图4-1　将主体放在画面中的突出位置

画面，或者将其放在视频画面的中间位置，也可以让画面中的主体占据大比例，使用明暗对比手法衬托主体，或者使用色彩对比手法等。

（二）选择陪体：让画面层次更丰富

所谓陪体，就是指在视频画面中对拍摄主体起到突出与烘托作用的对象。一般来说，在视频中，主体与陪体相辅相成、相互作用，使视频画面层次更加丰富，也使视频的主题随着主体与陪体的相互作用而不断加强。

大多数时候，视频画面中出现的陪体往往不可缺少。一旦陪体被去掉，视频画面的层次感就会降低。与此同时，视频想要表达的主题也就随之减少甚至消失。这也说明了在视频拍摄当中，一旦出现了陪体，那么其作用不可小觑（图4-2）。

图4-2 视频画面中出现陪体

从图4-2中可以看出，视频画面的主体是美食，碧绿的叶子则以陪体的形式出现在画面中，让视频画面的层次更加丰富，使视频画面更具有生命力与活力。

在拍摄视频的时候，如果准备在视频画面中加入陪体，则需要注意陪体所占据的视频画面的面积不可大于视频主体。另外，要合理调整主体与陪体之间的位置关系和色彩搭配，切不可"反客为主"，使视频主体失去主导地位。

（三）选择环境：加强对主体的理解

拍摄环境，与陪体非常类似，主要是对视频拍摄主体进行解释、烘托和加强，帮助观众理解视频主体，让视频的主体和主题都更加清晰明确。

视频拍摄中的环境选择，大致分前景与背景两方面。前景在视频中能起到

> 农产品短视频+直播

增加视频画面纵深感和丰富视频画面层次的作用（图4-3）。而背景可以让拍摄主体的存在更加和谐、自然，同时还可以对视频拍摄主体所处的环境、位置、时间等做一定的说明，更好地突出主体、营造视频画面的气氛（图4-4）。

图4-3 视频拍摄前景展示

图4-4 视频拍摄背景展示

（四）选择时间：要注意抓住时机

对于视频拍摄来说，拍摄时机也很重要。比如你想要拍摄荷花，就必须夏天拍摄，想要拍摄露珠，就必须清晨或者傍晚拍摄（图4-5）。而且对于同一个视频拍摄主体来说，在不同时间点拍摄的画面所呈现的效果也是完全不同的。

图4-5 荷花的拍摄

二 辅助设备：保证手机短视频画面稳定

可以选择的拍摄视频的设备有手机、专业摄像机和数码摄像机等。运营者除了可以利用自身掌握的一些拍摄技能来提升短视频的稳定性外，还可通过一些辅助工具使视频画面不受外界的影响，拍出稳定完美的效果。

对于喜欢用手机拍摄视频的运营者来说，在运动或行走时，仅仅依靠单手或双手为手机做支撑，往往很难保证手机视频画面的稳定性。这也是拍摄视频过程中普遍遇到的难题。针对这一问题，以下为大家具体介绍几款能让手机稳定拍摄的工具。

（一）手机视频稳定器

在用手机拍摄视频的时候，拍摄者可以利用手机视频稳定器，来防止因手机晃动而导致视频模糊的情况。

手机视频稳定器一般是指手持云台（图4-6），也就是将云台的自动稳定系统应用在手机视频拍摄上。它能自动根据视频拍摄者的运动或角度调整手机方向，使手机一直保持在一个平稳的状态，无论视频拍摄者在拍摄期间如何运动，手持云台都能保证手机视频拍摄的稳定。

手持云台一般较轻，女生也能轻松驾驭。可以一边充电一边使用，而且还具有自动追踪和蓝牙功能，即拍即传。部分手持云台连接手机之后，无须在手机上操作，也能实现自动变焦和视频滤镜切换。对于使用手机拍摄视频的人群而言，手持云台是一个很好的选择。

（二）手机支架

手机支架（图4-7），顾名思义，就是支撑手机的支架。一般来说，手机支架可以将手机固定在某一个地方，解放双手，所以，手机支架也能帮助拍摄者在拍摄视频时，保证手机的稳定性。

图4-6 手持云台

图4-7 手机支架

> 农产品短视频+直播

现在市面上的手机支架种类很多，款式也各不相同，但大都是由夹口、内杆和底座组成，能够夹在桌子、床头等地。

使用手机支架拍摄手机视频要注意的是，手机支架保持手机的稳定是因为支架被固定在某一个地方。一般来说，手机支架多在视频拍摄主体运动范围较小时使用，如果运动范围较大，超出了手机镜头的覆盖范围，拍摄者依然需要将手机支架或手机拿起来，这样依然不能保证手机的稳定。

所以，手机支架多用于小范围运动的视频拍摄，拍摄视野和范围最好不要超过手机镜头的覆盖范围。只有这样，才能保证手机的稳定，也才能够保证视频画面的稳定。

任务二 拍摄的功能选择

随着短视频内容的盛行，短视频App不仅在数量上有了指数级增长，在功能上同样也有了很大的创新和发展。比如"抖音短视频"App，它就具备多种拍摄短视频的功能和入口。

本任务就以"抖音短视频"App为例，介绍6种大家熟悉的短视频拍摄方法。希望阅读完本节内容，读者能对"抖音短视频"App的短视频拍摄有一个全新的了解。

一 拍同款功能

一打开"抖音短视频"App，就会看到平台推荐的一些比较热的短视频内容。如果运营者觉得某个短视频的背景音乐是你喜欢的或拍摄视频要用到的，那么就可借助其拍摄同款短视频。

利用"抖音短视频"App的"拍摄同款"功能拍摄短视频的操作如下。

进入"抖音短视频"App"推荐"页面，上下滑动选择自己喜欢的短视频，点击右下角的"原创背景音乐"按钮；进入相应页面，点击"拍同款"按钮，如图4-8所示，即可进入短视频拍摄页面开始拍摄同款短视频。

图4-8 点击"拍同款"按钮

二 切换音乐拍摄功能

如果运营者觉得当前短视频内容的背景音乐与自己要拍摄的短视频内容不匹配，也可在拍摄前或拍摄完成后切换音乐。在此，编者以在拍摄前切换音乐为例来介绍切换音乐拍摄功能的操作过程。

进入"抖音短视频"App"推荐"页面，点击下方的"+"按钮，如图4-9所示；进入视频拍摄页面，点击上方的"选择音乐"按钮，如图4-10所示，即可切换音乐进行拍摄。后续的选择背景音乐操作将在下文进行详细介绍，这里不再赘述。

图4-9 点击"+"按钮

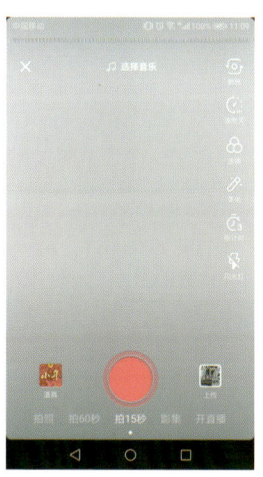

图4-10 点击"选择音乐"按钮

农产品短视频+直播

三 视频上传功能与制作功能

在"抖音短视频"App上,除了可以拍摄即时短视频外,还可以把以前拍摄的短视频内容上传,并通过编辑制作合成短视频。本节就介绍在抖音上上传并制作短视频的方法。

步骤一:进入"抖音短视频"App首页,点击下方的"+"按钮,如图4-9所示;进入视频拍摄页面,点击"上传"按钮(图4-10)中的"上传"按钮。

步骤二:执行操作后,即可进入"上传"页面。在"视频"页面,选择一个上传的视频;进入相应页面选择视频范围,如图4-11所示;然后合成视频并进行编辑,即可完成视频的制作。

图4-11 选择视频范围

四 图片电影:15秒视频的多场景展现

在"抖音短视频"App上,不仅可以用上传的视频制作和编辑合成短视频,同样可以通过编辑图片合成短视频,形成图片电影。"抖音短视频"App上合成照片电影的具体操作如下。

首先进入"上传"页面。在"图片"页面，选择多张图片，此时会在右上角出现"照片电影"字样，点击该字样，如图4-12所示；执行操作后，即可进入相应页面对照片电影进行编辑。

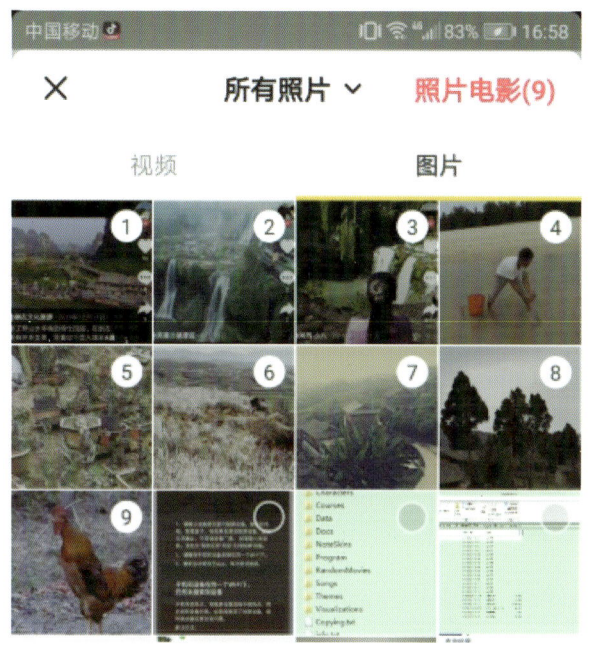

图4-12　选择图片并点击"照片电影"

五　参与挑战赛：借助热点收割流量

"抖音短视频"App为众多爱好短视频的新媒体运营者提供了展示才华的舞台，那就是抖音上的各种挑战赛。

对于那些没有流量和粉丝但内容优质的运营者来说，参加挑战赛是一个不错的选择——它可以让参加者凭借优质的内容，借助挑战赛的热点和其中的其他有流量的抖音号来快速获取用户关注。

进入和参与挑战赛的方法和操作如下。

进入"抖音短视频"App首页，切换到"消息"页面，点击"抖音小助手"按钮，如图4-13所示；进入相应页面，上下翻动页面，点击选中的挑战赛右侧的"参与"按钮，如图4-14所示；进入该挑战赛页面，点击下方的"参与"按钮，即可进入页面拍摄和编辑短视频内容。

农产品短视频+直播

图4-13　点击"抖音小助手"按钮

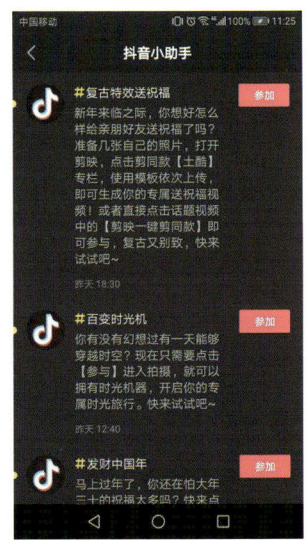

图4-14　点击"参与"按钮

(六) 直播拍摄：零基础打造个性化

在"抖音短视频"App中，还有一个实时视频功能，那就是抖音直播，它是在抖音"故事相机"功能入口的基础上发展起来的。

当然，抖音的直播功能并不是所有抖音用户都可使用的，它还需要运营的抖音号具备一定的条件。一般来说，要开通抖音直播功能，可分为3个标准，如图4-15所示。抖音号只要达到其中任意一个标准即可申请开通，其开通标准中的有些条件也是不断变化的。

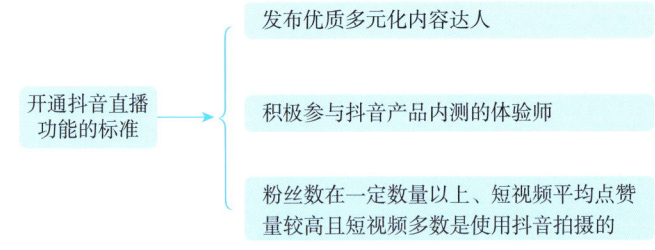

图4-15　开通抖音直播功能的3个标准

在"抖音短视频"App中，点击首页中"推荐"页面右上角的 LIVE 按钮，如图4-16所示，即可在该页面上方显示正在直播的热门内容，进入直播广场，如图4-17所示。当然，这也是运营者进入直播间的一个重要入口。

项目四
视频拍摄

图4-16 点击  按钮

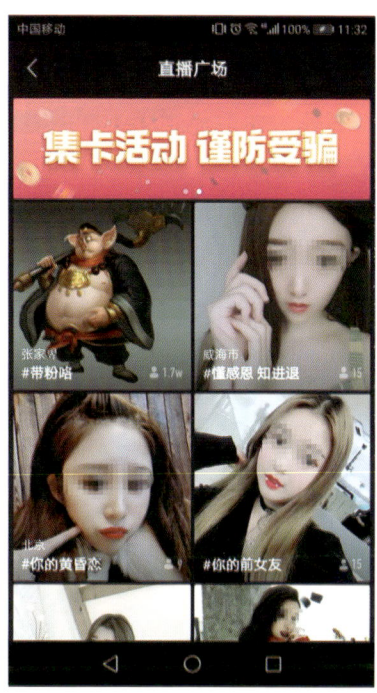

图4-17 进入直播广场

任务三　拍摄流程

上文介绍了"抖音短视频"App的多种短视频拍摄功能，而短视频App的视频拍摄又有很多相似之处，因而一通百通，相信大家已经对短视频平台的视频拍摄有了比较多的了解。在此，编者为了进一步深化上面介绍的"抖音短视频"App的多种拍摄功能，特意选取了一种大家常用的短视频拍摄方法——切换音乐拍摄来进行介绍。

一　选择背景音乐

在"抖音短视频平台"App上，若运营者利用切换音乐拍摄短视频，则一个关键步骤就是在拍摄前选择和设置好背景音乐。通过上文可知，运营者可以

农产品短视频+直播

点击短视频拍摄页面的"切换音乐"按钮进入"更换配乐"页面。图4-18所示为"抖音短视频平台"App的"更换配乐"页面。

在该页面上显示了不同的音乐类别和热门歌曲。运营者还可以点击音乐类别区域右下角的"更多13个"按钮 进行查看。

在此，可根据自己的需求选择需要的配乐，此时会出现"使用"按钮，点击该按钮，如图4-19所示，即可进入视频拍摄页面进行拍摄了。

图4-18 "更换配乐"页面

图4-19 点击"使用"按钮

【温馨提示】

如果运营者在拍摄前已经想好要选择的背景音乐，为了快速找到该音乐，也可以在"更换配乐"页面上方的搜索栏中进行搜索，这样可以节省查找的时间成本。

二、正式拍摄视频

在"抖音短视频平台"App的视频拍摄页面，运营者可以利用"拍照""拍摄"等方法进行拍摄。同时还可以利用该页面上的功能和按钮进行拍摄设置。在此编者以拍15秒为例介绍短视频的拍摄。

项目四
视频拍摄

在视频拍摄页面，点击"拍摄"按钮进行拍摄，如图4-20所示，如果运营者对于自己拍摄的视频较满意，点击图4-21中的按钮即可进行下一步操作。因为抖音短视频的默认时长规定为15秒，因此，当拍摄的视频时长已有15秒时会自动停止拍摄并对视频进行合成。

运营者每拍一段视频，都会在右下角出现 ✕ 和 ✓ 图标，如图4-21所示。如果运营者希望保留上一段视频，可以点击 ✓ 图标；如果运营者希望删除上一段视频，可以点击 ✕ 图标，然后在弹出的提示框中点击"删除"按钮，如图4-22所示。

图4-20 点击"拍摄"按钮

图4-21 点击相应按钮

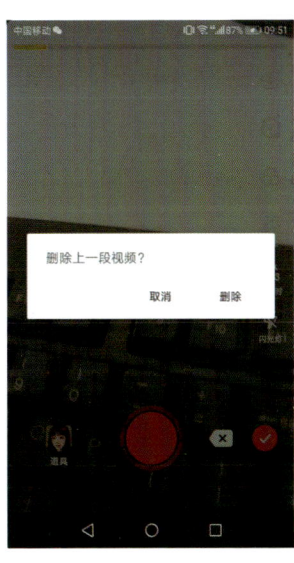
图4-22 点击"删除"按钮

在拍摄视频时，相信大家已经注意到了，在视频拍摄页面，还有一些按钮和图标，下面一一进行介绍。

翻转：可以在前置摄像头和后置摄像头之间进行切换。一般来说，都选用后置摄像头，自拍除外。

速度关/开：可以用来设置拍摄速度。当该按钮处于"速度开"状态时，会在页面上出现5个设置拍摄速度的选项，运营者可以为要拍摄的视频选择合适的拍摄速度。

农产品短视频+直播

美化 ：包括"滤镜"和"美颜"两项，如图4-23所示。运营者可以选择相应的选项设置拍摄视频的效果：如可以根据拍摄对象来选择合适的滤镜；在拍摄人物时可以调整美颜效果。

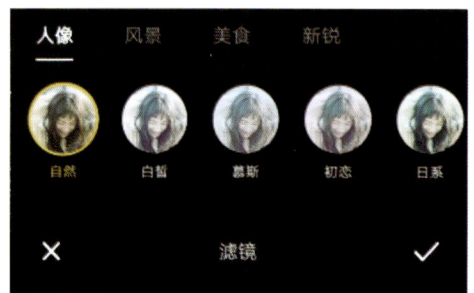 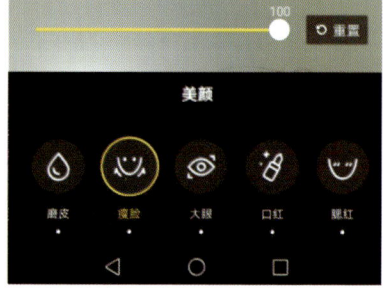

图4-23 "滤镜"和"美颜"设置页面

倒计时：可以设置拍摄时间。如果想要拍摄15秒视频，保持默认设置即可；如果想要拍摄10秒或其他时长的视频，则可以拖动右侧的拉杆选择暂停位置，然后点击"开始拍摄"按钮即可拍摄相应时长的短视频。这对于分多段拍摄的短视频非常适用——可以合理安排各段视频的时长。

【温馨提示】

在"闪光灯"的设置中，可以切换闪光灯的开关状态，建议在弱光环境下开启闪光灯功能。

三 短视频剪辑加工

短视频的剪辑加工包括多方面的内容，如声音、剪音乐、特效和字幕等。在智能手机普遍应用和各种App纷纷出现的情况下，这些都可通过手机来完成。特别是一些受大家青睐的短视频后期加工App，如抖音官方推出的手机视频编辑剪辑应用——剪映，可在后期加工中让视频质量更上一层楼。

具体操作步骤如下。

首先，将剪映打开，点击"开始创作"（图4-24）。

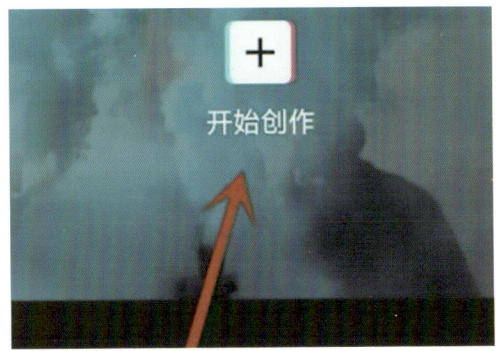

图4-24 点击"开始创作"

其次,点击"开始创作"后,在里面选择一个视频(图4-25)。

图4-25 选择一个视频

第三,选择好视频后,点击"添加到项目"按钮(图4-26)。

图4-26 点击"添加到项目"

第四,选择需要的工具(图4-27)。

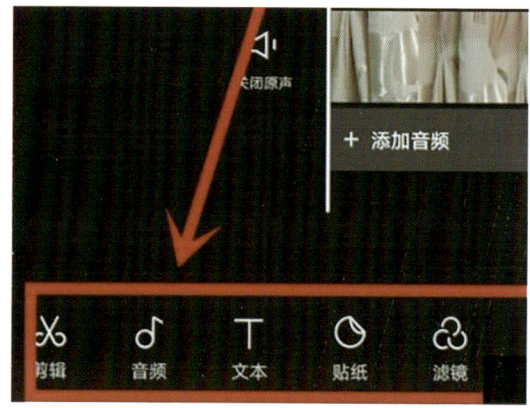

图4-27　选择需要的工具

第五，选择需要的特效（图4-28）。

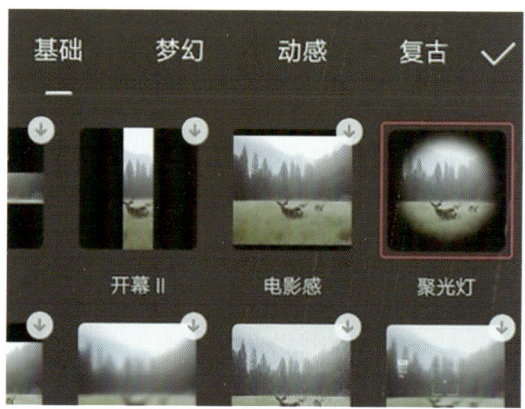

图4-28　选择需要的特效

第六，将视频制作成需要的效果，然后点击"导出"按钮（图4-29），等待一会，就可以将视频导出成功，剪映就完成视频制作。

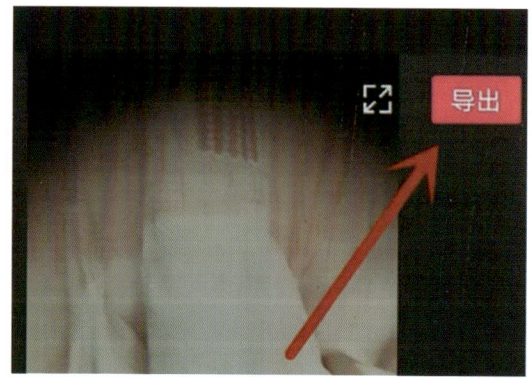

图4-29　点击"导出"

【温馨提示】

在"抖音短视频平台"App上拍摄的视频,是不能进行剪辑操作的。如果是上传的视频,就能进行剪辑。

任务四 拍摄技巧

在如今的短视频App中,抖音可谓是热门中的热门,受到了众多年轻人的喜爱。与此同时,众多自媒体人也看到了这一运营商机,纷纷进驻抖音,开始了获取流量和快速变现的短视频运营之旅。

要想让获取流量和快速变现的效果更显著,那么就需要注意短视频的质量。在此,编者从各个角度出发,介绍4个实用的拍摄技巧,帮助读者拍摄出更优质的抖音短视频。

 调整音乐和视频的匹配度

在平常观看视频中,大家可能已经注意到了,有些视频画面的运动相对正常情况来说明显过快,而有些画面又显得慢慢悠悠的。其实这些都是因为对视频设置了与视频情境和主题相符的快慢速度的结果。

诚然,在视频拍摄和制作过程中,选择一个与音乐合拍的视频速度,让音乐的节点恰好对应视频内容中的某一关键点,那么视频的效果明显会更和谐,带给受众的感觉也就会更舒服。

那么,在视频拍摄过程中,应该如何设置呢?视频的具体效果又如何呢?关于调整合适的视频快慢速度的分析见图4-30。

农产品短视频+直播

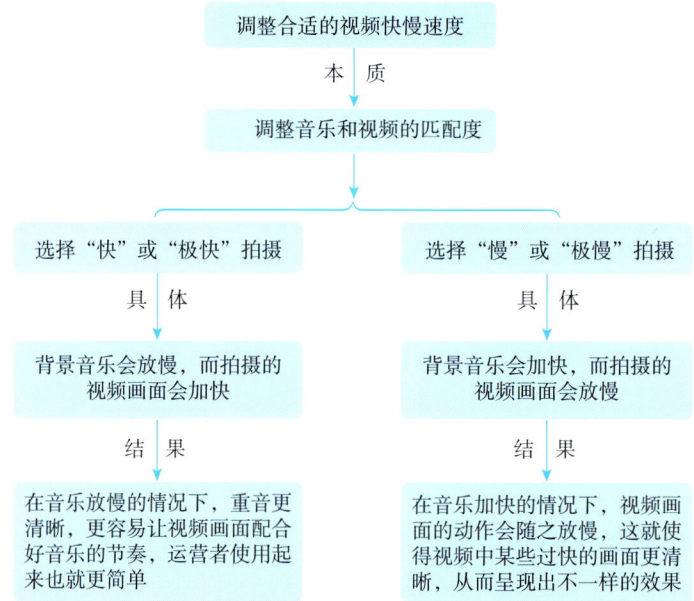

图4-30 调整合适的视频快慢速度分析

二 分段拍摄"秒变装"效果

要想通过分段拍摄打造出更加具有创意的短视频,就需要掌握更多有关分段拍摄的技巧和知识,这样才能让短视频内容更优质。

可能有人会认为,分段拍摄视频,就是随意拍摄几段,然后把它们合成一个短视频就行了。如果按照这样的说法和做法来拍摄,那么拍出来的视频必然会让人感觉生硬。这样的视频若运用在短视频平台的运营中,必然也是失败的。

因此,在拍摄分段视频时,还必须注意分段视频之间的连贯性和内在逻辑,这样才能让视频在和谐的基础上产生创意。

如人们熟悉的"秒变装"类的视频,就必然要以保持视频中的背景、人物等不变来制造连贯性,也就是保持视频内参照物不变,让受众不感觉突兀,从而打造出和谐的、有创意的秒变装短视频。其实这就是视频领域所谓的"静态转场"。

既然有"静态转场",那么相对地也应该有"动态转场",确实如此。只不过相对于静态转场而言，动态转场复杂和多样。具体说来，通过动态转场拍摄分段视频，主要有3种情况，如图4-31所示。

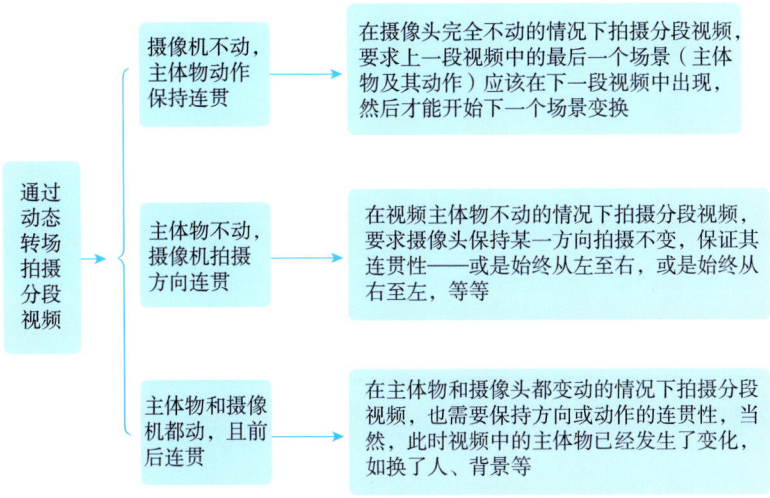

图4-31　通过动态转场来拍摄分段视频分析

三 利用合拍蹭热门

在"抖音短视频"App中，合拍与参与挑战赛一样，都能借助热点来进行宣传引流，为打造爆款短视频内容助力。那么，应该如何利用合拍来蹭热点呢？合拍又是如何操作的呢？以下将进行详细介绍。

在进行合拍之前，运营者应该选择要合拍的视频。抖音作为今日头条旗下的短视频平台，在运营推广中，其短视频内容发布的初期也是有推荐量的。运营者选择合拍视频，目的就是提升推荐量和播放量。然而并不是所有的合拍视频都能获得好的推荐量。具体说来，运营者选择合拍视频时有两个方面是需要避开的，见图4-32。

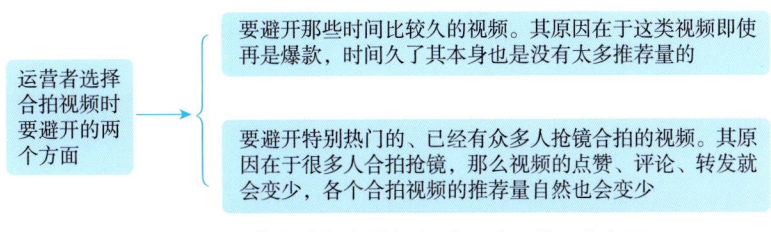

图4-32　运营者选择合拍视频时要避开的两个方面

农产品短视频+直播

在编者看来，选择合拍时要从3个角度思考，见图4-33。

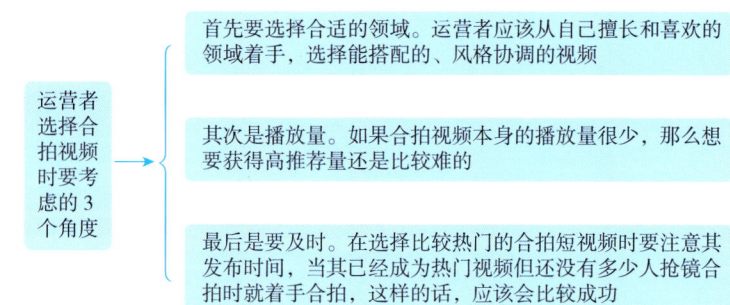

图4-33　运营者选择合拍视频时要考虑的3个角度

接下来介绍如何进行合拍。其操作还是比较简单的——在选择合拍的视频页面，点击"分享"按钮，如图4-34所示。在弹出的"分享到"窗格中，点击"合拍"按钮，如图4-35所示。当视频加载和合成完成后，即可按照前面介绍的拍摄短视频的方法进行拍摄。

图4-34　点击"分享"按钮

图4-35　点击"合拍"按钮

四　防止视频抖动的技巧

在手机短视频的拍摄过程中，要想保持拍摄稳定，除了使用必要的手机稳定工具以外，还有很多其他的可以保持手机相对稳定的小技巧。下面介绍关于使用手机拍摄视频时，保证手机稳定和视频画面稳定的小技巧。

技巧一：借助物体来支撑

在使用手机拍摄视频时，如果没有相应的视频拍摄辅助器，而是仅靠双手作为支撑的话，双手很容易因为长时间端举手机而发软发酸，难以平稳地控制手机，一旦出现这种情况，拍摄的视频肯定会晃动，视频画面也会受到影响。

所以，如果拍摄者在没有手机稳定器的情况下，用双手端举手机拍摄视频，就需要利用身边的物体支撑双手，以保证手机的相对稳定。

这一技巧也是利用了三角形稳定的原理，双手端举手机，再将肘关节放在物体上做支撑，双手与支撑物平面形成三角，无形之中起到了稳定器的作用。

技巧二：保持正确的拍摄姿势

用手机拍摄视频，尤其直接用手拿着手机进行拍摄的话，要想让视频画面稳定，除了手机要稳之外，拍摄视频的姿势也很重要。身体要稳，才能保证手机端正，保证视频拍摄出来是稳定的。

如果视频拍摄时间过长，直接用手拿着手机进行拍摄会导致身体的不适应——身体长时间保持不动，不仅脖子容易发酸发僵，就连手臂也会因发酸而抖动，从而导致视频画面晃动、不清晰。正确的姿势应该是重心稳定，且身体觉得舒服的姿势，比如从正面拍摄视频时，趴在草地上，身体重心低，不易倾斜，且拿手机的手也有很好的支撑，从而能确保视频拍摄时手机的稳定性。

技巧三：寻找稳定的拍摄环境

在视频拍摄中，找到稳定的拍摄环境，也会对手机视频画面的稳定起到很重要的作用。一方面，稳定的环境能确保视频拍摄者自身的人身安全；另一方面，给手机一个较为平稳的环境，让拍摄出来的手机视频也能呈现出一个相对稳定的画面。

相对来说比较不稳定，容易影响视频拍摄的地方有很多，如拥挤的人群、湖边、悬崖处等，这些地方都会给手机视频拍摄带来很大的影响。

技巧四：手部动作要平缓

手机视频的拍摄，大部分情况下是离不开手的，所以手部动作幅度越小，对视频画面稳定性的保持就越好。所以，手部动作幅度要小、慢、轻、匀，见图4-36。

📹 农产品短视频+直播

图4-36 拍摄时,手部动作的幅度要小

所谓小,就是指手部的动作幅度要小;慢,就是指移动速度要慢;轻,就是动作要轻;匀,也就是指手部移动速度要均匀。只有做到这几点,才能保证手机拍摄的视频画面相对稳定,视频拍摄的主体也会相对清晰,而不会出现主体模糊看不清楚的状态。

任务五 视频发布

完成了短视频的拍摄和编辑之后,接下来就是要发布短视频了。对于专门进行宣传推广工作的运营者来说,通过短视频App进行视频的发布也是需要一定的技巧的。这样才能让短视频的宣传推广效果得以优化,从而获得更多的播放量和点赞量。那么,如何设置才能让短视频效果优化呢?

 设置视频标题:完整表达作者思想

短视频作为一种内容宣传方式,其标题的设置十分重要。特别是对短视频这类除了标题外没有太多文字说明的内容来说,更是如此。它是运营者自身思想传达的关键。可能有人会说,若视频内容中有足够的声音和动作达到表情达意的作用，标题的设置也就不那么重要了。真的是这样吗？

其实，短视频毕竟很短——抖音上的短视频就只有短短的15秒，要想完整而丰富地表达出短视频作者的思想内容，极有可能存在欠缺之处。在这样的情况下，利用点睛之笔设置一个优质的标题，能在很大程度上促进短视频内容的传播。

图4-37所示为"抖音短视频"App上的短视频标题案例。标题利用人们对于河南农村95岁老汉长寿的好奇心对视频的内容进行描述，清楚地体现了其所要表达的主题。这样的内容也是受大众喜欢的或是需要的，因而获得了不少关注——这个视频的点赞量达到了31.8万——可见该视频的内容和标题设置还是很成功的。

图4-37 "抖音短视频"App上的短视频标题案例

（二）插入相关话题："合适"二字很重要

在"抖音短视频"App的"发布"页面上，标题编辑框下方有两个选项，即"#话题"和"@好友"，这些都是能提升短视频标题效果的两个重要技巧，

> 农产品短视频+直播

经常被运营者运用到标题设置中。

本小节就以"#话题"为例,介绍在标题中选择合适的话题插入的方法和案例。

运营者如果想要在标题中插入话题,可以点击"#话题"按钮,此时标题编辑框中会出现"#"符号,然后输入关键词,比如美食,页面上就会出现与关键词相关的话题,运营者选择一个合适的话题,如图4-38所示,即可完成插入话题的操作。

图4-38 在标题中选择合适的话题插入操作

一般来说,在标题中插入与视频内容相关的话题,如主题、领域、关键词等,都能提升短视频的推广效果。

三 设置@好友:准确送达短视频内容

上面已经介绍了在标题中插入"#话题"的相关知识,下面将介绍另外一种提升短视频标题效果的方法——"@好友"。

运营者在进行设置时，首先应点击"@好友"，进入"召唤好友"页面，此时该页面会显示已经关注了的抖音用户，运营者可从中选择一个"@好友"对象。运营者还可以在"召唤好友"页面上方的搜索框中输入关键词，点击"搜索"按钮，就可显示更多的与关键词相关的抖音用户。

在"抖音短视频"App中，在标题中设置"@好友"是一个比较常用的促进短视频推广和提高关注度的方法。

【温馨提示】

运营者选择"@好友"对象时，有两点需要注意：一是相关性，也就是说，"@好友"对象要与短视频有一定关联；二是"@好友"热度，应该选择粉丝比较多的抖音用户，然后利用优质内容吸引对方关注，从而才有可能吸引"@好友"粉丝的关注。

四 设置地址：提升知名度和唤起归属感

在"抖音短视频"App中浏览视频，有时会发现在视频左下角的抖音用户名称上方显示有地址信息。

关于短视频的地址信息，运营者可以在"发布"页面中进行设置：运营者只要点击"添加位置"下方的任意一个位置，进行选择即可。

为短视频内容添加位置，对于一些以地名为名称进行宣传或有着地域特色的抖音短视频（特别是一些旅游行业的短视频），是一种非常有效的提升知名度和唤起用户归属感的好方法。

五 谁可以看：确定短视频的分享范围

在"抖音短视频"App的"发布"页面，运营者可以选择短视频内容的分享范围，也就是在"谁可以看"区域点击 > 进入相应页面，在"公开""好友可见"和"私密"中选择一项作为短视频内容的分享对象，如图4-39所示。

图4-39 "谁可以看"页面

一般来说，运营者会选择"公开"选项，让尽可能多的人看到，以便扩大视频的传播和宣传范围，而不是利用"好友可见"和"私密"来限制传播。

项目五

网络直播的流程

随着互联网、移动互联网的发展，5G时代的来临，媒体又有了新的形势，那就是网络直播。自2016年后，网络直播的发展态势良好，无论是直播平台、主播、用户的数量，还是其带来的经济效益都不断创出新高。可以说，网络直播开启了媒体的三次元时代。那么，网络直播的流程是怎么的呢？本项目主要介绍了如何申请账号、如何设置昵称和头像、如何精准定位、精选素材等。

农产品短视频+直播

任务一　申请账号

网络直播是以各大直播平台为载体而存在的。换句话说，做网络的直播前提是必须拥有某个平台的账号，即在虎牙、秒拍、美拍等某一个平台上申请直播账号，然后通过该账号上传、观看和分享视频。

为了更好地使用网络直播，下面就来详细地介绍以下几个主要网络直播平台的申请流程。

  账号的申请与注册

从总体上来看，所有的网络直播平台都支持多账号登录，如手机号、QQ号、微信账号、微博账号、QQ邮箱账号等。需要注意的是，不同平台的账号登录类型有所不同。

例如，微视由于与QQ、微信同属腾讯系产品，因此在账号选择上只要是腾讯类账号都可以，包括QQ、微信、腾讯微博、QQ邮箱等；而美拍、虎牙则只支持微信、QQ、新浪微博、手机号等。

图5-1为微视、美拍、虎牙平台的账号类型。

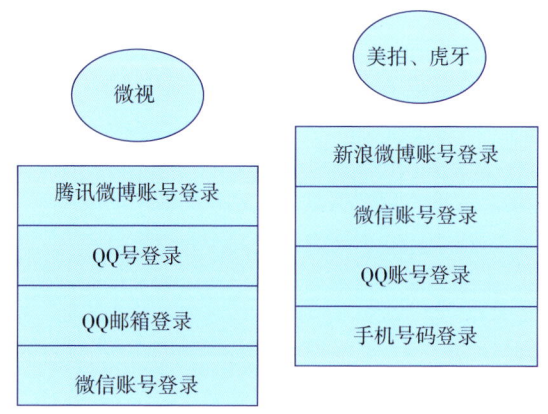

图5-1　常见网络直播平台登录示意图

项目五
网络直播的流程

二 申请流程

其实，各大网络直播平台的申请步骤，其流程基本上相似。接下来我们将以虎牙App为例，介绍如何申请直播账号。

第一步：打开浏览器，进入虎牙直播官方网站，或者在手机客户端直接下载虎牙App。进入官方主页，点击"我的"下面的"立即登录"（已有账号的可直接登录），如图5-2所示。

图5-2　虎牙直播账号申请页面

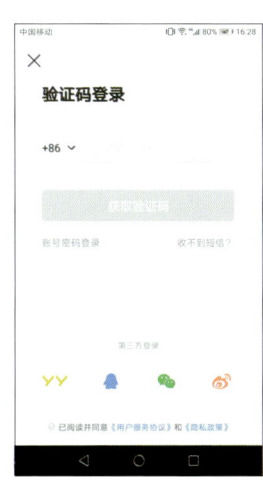
图5-3　填写手机号

第二步：填写自己的手机号码，获取验证码进行验证，如图5-3所示。

第三步：输入昵称，点击完成，注册完毕，如图5-4所示。

图5-4　填写昵称

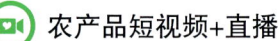农产品短视频+直播

【温馨提示】

需要注意的是，账号昵称一定要先想好，因为一旦启用后不可修改。另外，还可以点击昵称上的图像，现拍一张或是在手机相册中选取一张图片作为头像。

任务二　设置昵称和头像

昵称和头像是直播账号的最显著标志，是主播身份的象征，也是向粉丝进行自我展示和宣传的重要窗口。然而，填写昵称和选择头像却不那么容易，很多主播不受欢迎、粉丝少，很大一部分原因就是昵称和头像设置不合理。

现在很多主播的账号昵称、头像可谓五花八门，如用动物名称和形象、游戏名称和截图以及非主流文化等，总之不一而足。很多时候他们都是灵机一动，或者随意放上去的，殊不知这将会无形中影响观看者对账号的错误判断，或对直播内容以偏概全的定位。

其实，账号昵称和头像与人的姓名一样，一个好的昵称和头像不但容易被记住，而且还能传递有效的信息，或美好的心理感受。因此，要想让自己的直播账号脱颖而出，首先需要取一个响亮的昵称并设置一个富有象征性的头像，其次要善于利用一些技巧，按照一定的原则，让账号更富有个性，更容易引起所有人的共鸣。

经总结，命名账号昵称可按照以下原则进行。

直接命名（品牌名称、企业名称等）

这类账号旨在直接告诉关注的粉丝"我是谁"，通常适合于具有一定影响力的明星、大咖，或者在行业有影响力和威望的企业品牌。头像可采用个人、产品、品牌的照片，企业名称、品牌名称、产品的LOGO等，如人民日报（图5-5）等。

项目五
网络直播的流程

图5-5　人民日报在抖音上开通的直播账号

图5-6的这种命名方法直接将所能提供的产品或服务的功能、用途或能提供的服务体现出来，让用户直接去了解。

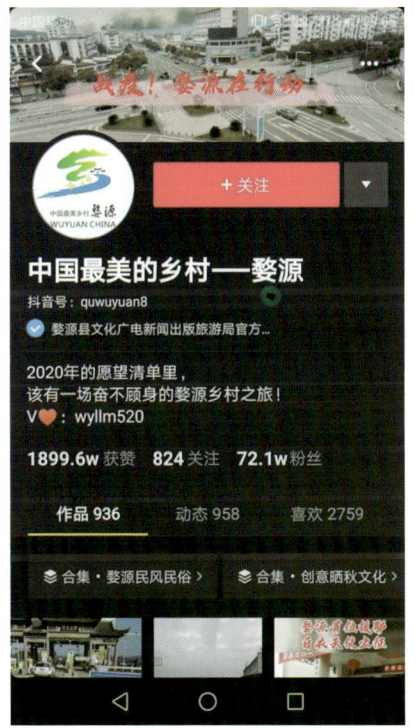

图5-6　中国最美的乡村——婺源的账号

以微信、QQ等名称来命名

有很多直播账号，直接沿用了自己的微信、QQ或微博账号，或者这些账号的简单变形。这样的好处是便于用户加深对微信、QQ的记忆，将粉丝引流到微信、QQ、微博等平台上。例如，"觅食迹"的美拍直播账号，沿用了其微信公众号的拼音名称的汉字名称——@mishiji001，后者是前者的汉语拼音（图5-7）。

图5-7　直播账号为微信账号的简单变形示例

三、以限定于+职业、行业背景命名

将直播中涉及的企业背景、人物、产品、服务等，以描述、夸张或拟人的方式间接地表现出来，如大厨爱做菜的抖音账号（图5-8）。

图5-8　大厨爱做菜的抖音账号

项目五
网络直播的流程

任务三　精准定位

一个直播账号如果没有明确的定位，观众就无法做出明确的判断，以至于给观众一种可有可无的感觉。当观众无法意识到账号存在的意义时，也就失去了进一步关注的基础。那么，对于一个直播账号来讲，如何才能体现自己的特征呢？可考虑采用以下3种方法。

 在账号昵称上体现

一个直播账号呈现在用户面前的首先是头像和昵称，如果昵称有特色，在成百上千万个直播中脱颖而出就会事半功倍，而体现行业方向是使名称有特色的主要方法。例如，关于"三农"领域的直播账号，其昵称上不少都有"三农"一词（图5-9）。

图5-9　昵称中的"三农"关键词

农产品短视频+直播

然而，为直播起个好昵称却不是嵌入某个关键词这么简单，还需要结合企业的经营范围、性质和产品、业务类型等去更深入地做内容。一味的以企业名为直播昵称，也是不可取的，除非在大众中已经有较大的影响力，良好的口碑，否则用户不会买账。这类命名法看似可最大限度地体现自己，其实由于对你不是特别熟悉，等于什么也没说。例如，一个以分享生活、娱乐、美食等资讯的网站，直播叫"余姚生活网"，是宁波一家叫"宁波网联网络有限公司"旗下的平台，已经成为当地的一个潮流生活平台。这样的命名很好，既有了企业特性，又附加了地域属性，可使用户轻而易举地知道"这是个什么平台，我能从中得到什么"。试想一下，如果直接取名"宁波网联""网联网络"等，结果可能会很惨。

二 在个性签名上体现

第一次关注某个直播时，我们会看到首页界面上有个"功能介绍"，相信每个人关注之前肯定会细致地阅读一遍。这个介绍就是个性签名，可以很好地定位直播的特性。

 **案例链接**

相信玩过抖音的朋友对于"乡村胡子哥"不会陌生。"乡村胡子哥"是著名的抖音扶贫达人，这位面相憨厚、留着络腮胡的"硬汉"经常在抖音上大快朵颐，为粉丝们推荐各类美食。他在抖音直播上的个性签名是"回忆乡土风情，展示乡村美食"（图5-10），通过这十几个字的介绍可以明确该账号的定位。

图5-10 "乡村胡子哥"的个性签名

【温馨提示】

个性签名可人为设置,一般在申请时提前设置好,也可不定期地修改,不过每修改一次都需要通过系统的审核。

三 在内容上直接体现

在内容上直接去体现,是最重要,也是最根本的做法,因为只有所推送的内容时刻围绕着本行业去做,并且努力做出特色,不落俗套,才能给用户以崭新的、别致的、眼前一亮的感觉。只要能把内容做好、做精、做出特色,成为行业的头牌,自然会被大众熟知,吸引更多用户的关注。

做好以上3点,一个网络直播的基本方向就明确起来。当用户关注时,也能在最短的时间内了解到该视频是个什么样的视频,观看后能有哪些收获。

任务四 精选素材

直播什么内容,需要坚守的一个最核心原则就是看自己能为粉丝提供什么,最常用的策略就是垂直性策略。所谓的垂直性策略,就是针对某一特定领域、特定人群或特定需求提供有价值的信息或相关服务。垂直性策略的特点就是专、精、深,且具有行业色彩,与全而广的内容策略截然不同。

因此,垂直性内容就是专注具体、深入的纵向服务,致力于某一特定领域内信息的全面和内容的深入。所推送的内容都是为产品服务的,并在此基础上深度挖掘,没有这个领域外的闲杂信息。例如,介绍某一项服务,除乏善可陈的介绍之外,还要继续细分,并争取让每个细分内容都能成为一个话题,都可以为用户提供所需的信息。

农产品短视频+直播

一 围绕产品或服务进行知识延伸

单纯的产品介绍、产品推荐已经无法吸引用户的购买兴趣，尤其是视频营销，推销过于直接反而会令消费者生厌。如果能推送一些与产品或服务有关的延伸性知识，用户接受起来就会比较容易。因此，企业的产品策划或运营者一定要善于制造与产品或服务有关的话题。

二 展示某产品或服务

这主要是针对企业或者希望通过销售某种商品、服务赚钱的主播。如果产品足够好，就可以直接向粉丝展示自己的产品，不但直接推销更能吸引消费者，而且着眼点较小，就是单纯地推销某一种产品，也很容易被关注。

蒙山土蜂蜜的直播，是山东广播电视台农科频道主办的"壮丽70年 共享丰收——产地直播助销"活动中的一站。

两个小时的网络直播，20多万网友通过直播了解了张桂如的养蜂场和他的土蜂蜜（图5-11）。直播还开通了带货功能，当天通过微信、西瓜视频以及优团购等社区新零售平台，共销售1000多单。这次直播活动还让张桂如的天猫店销量增加了3000多单（一直到现在每年的销量还在持续增长）。可以说，此次网络直播在宣传推广各地农产品的同时，给广大农人带来收益，帮助农民走上脱贫致富之路。

图5-11 张桂如和他的团队（背景为发货库房）

三 展示企业文化

如果是企业，可以直接展示企业文化、经营理念或者传递价值等。这也是企业网络直播的主要内容之一，通过展示与企业有关的文化背景吸引消费者，强化消费者的黏性，取得消费者的认可。

文化层面的东西能更深刻地反映出一个企业的底蕴，有利于促进消费者了解企业，对企业产生更深的信任感。这种内容尤其适合一些知名度较高的企业或新兴企业等。

新媒体运营遵从内容至上，直播内容的质量直接决定着主播的未来。要想持续吸引粉丝的关注，首先得多发高质量的视频，这是最关键的。那么，高质量的内容哪里来？自然是素材，素材是内容创作的基础。当然，这并不是说一定要有高档的器材、专业的制作，而主要是要有创意。否则，即使有一定的特长，也只是千篇一律的展现，久而久之很有可能会令粉丝产生审美疲劳。这时就需要创新，思考怎样才能做出既能让粉丝笑、让粉丝感动，又能让对方有所收获的直播内容。

任务五　直播卖货

网络直播不仅是主播展示自己、向外界传播知识、与粉丝情感互动的途径，还可以用到商业推广中，成为商品宣传和销售的一种线上渠道。现在很多主播在集聚了一定的粉丝量、有了一定的名气后，便利用网络直播开始销售产品，同样取得了不俗的业绩。

可见，"网店+主播"已经成为一个成功主播的标配。

农产品短视频+直播

　　以乡野小婷、湘妹小北为例,她们通过自己优秀的直播能力,短短一周的时间涨粉十几万,成为"三农"网红。不仅推介了自己的农村家乡美景及土特产(图5-12),还能给人们带来视觉上的享受,让社会大众都来关心"三农"问题。

图5-12　乡野小婷直播截图

　　其实,各地农村都陆续在诞生一批农村主播,他们都非常优秀,未来很可能出现每一个村都有一个主播帮村子农民卖农产品的可喜现象。希望大家多支持"三农"直播,让中国农村未来更美好,促进乡村振兴!

　　上述案例展示出了网络直播的魅力,也说明将网络直播打造成一个品牌、产品的展示平台是完全可以的,不但可以对品牌、产品进行有效宣传,而且可以通过视觉上的冲击力潜移默化地影响消费者,这比告诉用户1万遍产品有多好来得更有效、更震撼。

　　由此可见,网络直播的营销价值非常强大,与微博、微信等新媒体一样,网络直播也是一个有效的营销平台。通过网络直播不仅可以展示产品、做促销活动,还有一个很大的优势:以文字、声音、图像相结合综合性地展示产品,将视觉享受与购买行为完美地结合在了一起,使观看者很容易兴奋起来。

　　网络直播比单一的图片、文字描述更震撼,通过成功地吸引观看者的好奇心,将大多数人的关注焦点转移到视频里的主角——产品上。再加上能很好地将人们的碎片化时间捏合在一起,因此网络直播被喻为是全网营销时代最好的营销渠道之一。

微视、美拍等直播平台最初只是作为一款娱乐类应用而存在，供一些网民通过直播来表达思想、观点和情感。而随着互联网越来越开放，很多网络直播平台已逐步与商业活动挂上钩，例如被众多企业，尤其是互联网企业、电商等开始重视，并逐步向宣传、推广和营销方向转变。至此，网络直播平台已经不只是一个软件那么简单，而是成为企业盈利的前沿阵地。

据党的十九大代表、全国乡村优秀致富带头人、全国最美基层干部、四川省莲溪县拱市联村党委书记蒋乙嘉介绍，拱市村先后获得"全国文明村"、"全国环境整治示范村"、"全国农村幸福社区"示范单位、"省级法治示范村"等荣誉称号，在2020年将继续积极响应习总书记号召，紧跟国家前行的步伐，聚焦脱贫攻坚这一伟大壮举，深入探索"农村电商+网络直播"作为科技扶贫的有效方式，帮助地方农民掌握电商直播技能、拓宽农副产品销售渠道，培育一批扎根农村，掌握农村电商直播、平台经营管理的人才队伍，开启乡村扶贫新模式，全面推进遂宁地区乡村振兴战略实施，助力遂宁高质量实现2020年全面脱贫致富的最终目标。

网络直播的价值，在于以最短的时间、最捷径的渠道、最方便的模式将产品展示给用户，与传统的宣传方式相比，有着巨大的优势。而传统的宣传方式只能采用发布会、媒体报道、PC端视频来展示，整体传播速度比较慢，用户接收的时间也比较长。

值得注意的是，在利用网络直播进行展示产品时，需要抓住最核心的内容，瞄准客户的迫切需求，以便让用户快速获取所需的东西，如信息、知识、快乐或者其他需求等。

可能有人会怀疑，仅仅几分钟，或者几秒钟的小视频怎么能够展示出一个复杂的产品体系、企业形象呢？要知道，传统的做法尚需要几十分钟，甚至一场发布会。

有这样顾虑的人，还是对网络直播不够了解，或者思维根本没有转变过来，仍在用传统的营销思维考虑问题。网络直播是一个移动化、社会化平台，其目的就是用来满足人们碎片化的需求——即在尽量短的时间内得到满足，5分钟、1分钟、8秒钟甚至5秒钟内。有数据表明，网络直播平台由于投入小、成本

农产品短视频+直播

低、操作方便，带来的利益远远超过以往任何一种宣传渠道。因此，运营者要学会把握网络直播的机遇，学会利用直播来赚钱，从而走上脱贫致富道路。

任务六 如何通过网络直播赚钱

很多直播网红都建立了自己的个人品牌或与电商平台合作实现变现或取得盈利。不同类型的直播，其盈利方式有所不同，因人而异、因时而异才是正确的选择。

一 开网店：利用粉丝量带动销量

现在很多网红主播都有自己的网店，网店也几乎是成功主播的标配。有的主播自营网店，有的则是受电商平台的邀请成为网店主播，利用自己的人气为平台推销商品。

互联网时代是粉丝经济的时代，利润的增长主要依靠粉丝的带动。如今，许多主播都转型开起了淘宝店，尤其是那些退役的职业主播。一方面，自带大量粉丝，有网络直播经验；另一方面，有大把的时间来经营和管理。

据不完全统计，过去几年，阿里巴巴经济体助农平台，通过不同形式培育的"农民主播"达10万名。以淘宝直播为代表，直播扶贫的新模式鲜活、直接、高效。镜头前4小时卖出上千万元农产品，600秒助销150万千克大米。都是小主播的大能量。

将田地里的农产品卖出去，把外面的温度传递进来，直播助农已成为阿里巴巴经济体兴农舰队中的利器，互联网促进农民脱贫的破冰之刃。

108岁的石兰清老人最近喜欢上了直播，她管直播叫"播"，就像当年在地里播种子一样。

其实，她直播的所有环节，都是由最小的孙子魏天野完成的，如图5-13所示。

图5-13　魏天野教奶奶直播

在外地打工十几年，魏天野没有在城里扎下根。4年前，他回到老家宁夏中宁县，开了淘宝店，出售奶奶种了一辈子的枸杞。

最近他学会了利用淘宝直播，把家乡的上好枸杞让外面的人知道，奶奶一生劳碌不容易，奶奶种了一辈子枸杞。于是直播里，奶奶也成了主要人物。直播即生活，镜头里108岁的石兰清，每天早晚喝一杯枸杞水，一顿能吃一个大馒头，还经常拄着拐杖往枸杞地里去查看长势（图5-14）。

图5-14　石兰清老人直播截图

很多人感叹枸杞的好品质，也感慨老人满是皱纹的笑脸。108岁的石兰清被网友称为"最高龄荣誉主播"。

直播确实帮助这个家庭走上脱贫致富之路，石兰清和孙子的淘宝店，月均销售额近50万。收入是在外打工的几倍。买了车，盖了新房，日子越过越好。

> 农产品短视频+直播

除了自营网店外，主播还可以与电商平台合作。与自营网店相比，跟电商平台进行合作难度比较大，尽管现在很多电商迅速接轨网络直播卖货这一趋势，阿里巴巴、京东商城、聚美优品、唯品会、蘑菇街、蜜芽等大小电商平台纷纷开辟了专门的直播频道。

不过，由于网络直播卖货对主播的综合素质要求较高，再加上目前适宜用网络直播来销售的商品品类毕竟相对还较少，很多主播很难有这方面的发展机会。

所以，开淘宝店"视频+淘宝"模式，是赚取额外利润的主流形式，也是现阶段关注度变现最稳定最可控的手段。

不过，对于主播来讲，正业仍是主播，必须将主要精力放在为粉丝提供喜闻乐见的直播内容上。毕竟，主播开淘宝店卖的是人气，简单来说是靠自身的影响力赚粉丝的钱，大量地推荐自己的店铺很容易破坏与粉丝长期建立起来的情感。如果只在一些特定时间节点，偶尔推出自己的商品，或许粉丝还会买单，不至于招致反感。

二 广告植入：吸引商家投资广告

广告植入，是指在直播内容中直接或间接穿插广告，以前经常出现在电影、电视剧中，如今在视频直播中也随处可见。从广告传播学的角度来看，这种在电影、电视剧、网络视频中植入的广告，是非常好的一种宣传方式，可大大增强产品曝光度，品牌影响力，甚至直接带动销量提升。

通过广告植入来盈利是主要的盈利方式之一，曾经影视、微博、微信等App都采用过。随着网络直播的火热，再加上良好的播放效果，超高人气的带动，很容易吸引一批企业、品牌在其中植入广告。据IDC曾经的调查数据显示，超过50%的企业愿意在网络直播中植入广告。

一些网红的直播中通常也会植入很多广告。例如，大胃王密子君，她在与粉丝分享自己吃的视频中也植入了很多广告，或者直接打出宣传语，或者植入隐性产品信息。其实，这正是网络直播平台的一种盈利模式，通过植入广告实现盈利。如图5-15所示为大胃王密子君直播中通过表示喜欢什么做的隐性广告植入。

项目五
网络直播的流程

图5-15 大胃王密子君直播中的隐性广告植入

网络直播通过精准的、庞大的流量导入，可以吸引各类企业、品牌前来投放广告，网络直播则可通过导流收取费用。据一项调查显示，广告收入是网络直播经济中的主流变现或盈利模式，占比达50.6%；其次是开网店，利用电商导流，占到28.5%；线下活动以及其他方式也可带来一定的收益，但占比都比较小。

三、做明星主播：受邀参加商业活动

明星主播是行业内的佼佼者，用现在影视界非常流行的一个词来讲那就是一个大IP（有影响力的个人或品牌）。IP从它本身的意义来讲是知识产权的意思，从广义上讲已经成为一种文化现象，泛指那些有着巨大商业价值、有着忠诚粉丝量的文学作品、影视作品、人等。现在很多网红主播也跨入了IP行列，具有了IP效应，不仅在各自的领域有超高的人气，还可带动相关领域的发展，成为跨界高手。

一个成功的IP始终围绕商业价值进行，而且这个价值最好延伸到不同领域，得到最大限度的挖掘和开发。当主播成功晋升网红后，其IP效应必然会越来越大，这时可利用这种效应让价值外溢，利用开发和经营衍生品赚钱。

网络直播经过几年的发展已经走过了野蛮期，而主播不再是稀缺资源，目前，大型平台主播的数量已达到几十万。因此，对于主播这一职业而言，想要

农产品短视频+直播

脱颖而出不再只是要靠天资和运气,还必须要有实力和努力,向明星网络直播发展,向网红IP方向发展,在发挥网络直播才能的同时,扩大自己的衍生价值。在主播这个位置上,一旦成为超级IP,就意味着可以获得更丰厚的利润。正如《2016直播行业年度报告》显示,以映客、花椒、陌陌、易直播收入前万名的主播作为样本,在2016年,至少有2名主播年收入过千万元,捞金能力不输明星,45%的主播年收入在5万~10万元。

(四) 受聘企业:为企业提供增值服务

网络直播主播大致可分为两大类,一类是职业主播,另一类是草根播客。不过,网络直播业这一职业尚未规范化、制度化、职业化,大多数主播属于草根播客,或游走在职业、半职业边缘。不可否认的是,向职业主播奋斗这已经成为许多主播的目标。一旦成为职业主播就意味着有了一份正式的工作,可以签约于KOL经纪公司,通过包装、运营、公关,实现盈利的目的。

草根主播的收入极不稳定,而且基本上靠网络直播的猎奇内容和兴趣爱好来吸引粉丝,持久性较差。而一旦升级为职业主播,就会有专门的团队来包装、打造,就像演艺界的明星,一旦有经纪公司打造,其知名度很快就会得到提升,被更多的人熟知。因此,足够优秀的主播完全可以向职业主播进军,依靠网络直播平台、娱乐公司等大平台,才可能更好地施展自己的才华。

不少大的网络直播平台、娱乐公司都在不断扩充自己的网络直播人才队伍,对于特别优秀的人才不惜花高价邀请。如表5-1所示为某招聘网站上2017年的招聘信息。

表5-1 招聘信息中网络直播主播的薪酬普遍较高

职位	城市	月薪/元
视频主播运营、星探、模特演练经纪人	杭州市	8000~9999
招聘主播	哈尔滨市	8000~9999
主持人、主播	合肥市	2001~2999
网络主播	北京市	4000~4999
诚聘网络主播	深圳市	15000~19999

注:此信息仅供参考。

例如,苏宁为了更好地开展电子商务,就公开邀请网红直播购物,并根据主播的级别，其实就是拥有粉丝量的多少，提出了不同的要求：顶级主播就可造访苏宁南京总部，享受吃住全包的待遇；热度主播，则不需要到现场，在活动期间只做口头宣传即可。

招聘网络主播网红活动单：苏宁电器南京总部直播包食宿（线上+线下直播）

苏宁818商务单：需要女主播88名，其中顶级主播8位，2016年8月7日造访南京苏宁总部，直播三小时，包食宿。热度主播50名，活动期间为活动口播宣传（不需要到现场）。其他主播760名（不需要到现场），活动期间为活动口播宣传。

要求如下：

顶级主播：提供数据主播平台粉丝、微信、微博粉丝、直播最高峰值和综合值，收到礼物情况和商业介入能力的以往经历。

热度主播：真实粉丝5万以上，居各个平台热榜前10名，简单介绍、年龄、所在地、接过哪些品牌的宣传。

平台会分一部分提成给主播，如战旗TV的大宝剑，映客的跑车、游艇等，将虚拟道具费用直接分给主播。不同的平台，其分成比例也不一样，差异较大，少之10%，多则60%。可见，这也是主播最常用的一种盈利方式。

为降低用人成本，很多平台也开始自己培养主播，不过，值得注意的是，这种自己培养的方式对平台方有利，但常常遭到主播反对，因为自由度较低，一个人的职业生涯基本上固定在这个平台上。有的平台会在培养之前与被培养人签署一个独家协议，协议中明确要求可以做什么，不可以做什么，违规后将会受到什么处罚等。这个"独家协议"既是平台对自己利益的保护，又是对主播资源的一种独占。

五 打赏：需要规范和引导的消费模式

打赏，是各大网络直播平台最主要的盈利模式之一，目前，所有的网络直播平台都设有打赏功能，而且取得了巨大成功。例如，主打做秀场业务的YY，就是通过打赏的方式变现的，并且靠着这部分的收入，一路闯进纳斯达克并一度达到市值40亿美元，跟在其身后的9158和六间房也分别通过类似的方式实现了在港股和中国内地A股的上市。

> 农产品短视频+直播

那么，什么是打赏？所谓的打赏，即是粉丝（会员）先在网络直播平台上充值，购买虚拟的道具或礼物，然后再赠送给自己喜欢的主播。道具的标价不同，最后平台再将这些虚拟的道具和礼物折换成现金，而平台和主播通常按照一定的比例分成。

被用来打赏的"道具"各式各样，花样百出，因网络直播平台不同而各有差异。道具，其实就是走个过场，在屏幕上显示几秒钟而已。设置不同的道具只是为了娱乐性和趣味性。每个平台的道具系统却是各不相同，几乎都不重样。接下来就以映客和YY为例看一下，如表5-2、表5-3所列。

表5-2　映客直播上的虚拟礼物

映客	映币：1元=10映币
1映币	小花、西瓜、黄瓜、蘑菇、啤酒、足球
2映币	荧光棒、电风扇、手枪
3映币	鞭子
5映币	冰激凌、抱抱、狗、气球、爱心巧克力
10映币	玫瑰花、巧克力蛋糕
23映币	吻
88映币	爱心钻石
199映币	戒指
500映币	小红包
1200映币	跑车
3000映币	飞机、红色跑车
6666映币	豪华跑车
13140映币	游艇

表5-3　YY直播上的虚拟礼物

YY	Y币：1元=1Y币
免费	花
0.1Y币	棒棒糖、水果糖、鼓掌、萌哭、给跪
0.3Y币	荧光棒、啤酒、气球、你最棒
0.9Y币	亲一口、抱抱、我爱你
1Y币	年度集结币

（续表）

YY	Y币：1元=1Y币
2.5Y币	萝莉、乌鸦、歌神
5Y币	蓝色妖姬、泰迪熊
6.9Y币	巧克力雨、亲嘴娃娃
9.9Y币	钻戒、口红、香水、项链
199Y币	丘比特
1314Y币	豪华游轮

打赏，是主播获得收益的最主要来源。主播的粉丝越多，在粉丝中的人气越高，获得的打赏也会越多。同时，获得打赏的等级越高，收益也越多（主播在收到粉丝的"礼物"后，一般不会折现直接进入主播个人账户，而是被其所在的网络直播平台抽成，不同等级的主播拿到的底薪和提成比例也不一样），这样一来就形成了良性循环，人气越高的主播收入越高，收入越高人气也越高。

对于主播来讲，打赏是不可缺少的赚钱途径之一，有直接的，也有间接的，只要能获得粉丝的认可和支持，就很容易变现而获得收入。目前，就关于打赏这一行为，却经常出现一些负面的新闻，例如主播为获得高额赏金，故意玩套路、设陷阱，采用不正当的手段诱导观众。对此，业界逐渐出现了分歧，一部分人要求进一步规范打赏制度，如明确规定主播的行为和语言，不得直接向粉丝索要礼物，不得在语言上、肢体上有索要的暗示，设定打赏的上限，避免出现一掷千金的豪赌等；另一部分人则认为"打赏"正在污染网络直播的一片净土，应该干脆取消，不能让金钱成为维持主播和粉丝之间平衡的工具。

总之，打赏这一模式所处的形势比较微妙，将来势必会发生变化，具体如何变化则要看形势的发展。诚然，一旦主播的才艺和信息被明码标价，粉丝必须通过金钱才能得到虚拟的尊重，那么网络直播就变了"味道"。

项目六

粉丝运营

作为运营者,要想让短视频火起来,除了要做好短视频的内容外,还需要学会粉丝运营。通常而言,粉丝越多,所能获得的支持就越大,短视频发布后被分享转发的概率也就越高、次数也就越多。因此,作为运营者,要尽可能地吸引粉丝,得到众多粉丝的支持。本项目主要介绍了互动涨粉、煽情涨粉、推广涨粉等。

农产品短视频+直播

任务一　互动涨粉

涨粉可能是所有的抖音号运营者最大的焦虑。如果你不能输出爆款的内容，也不能做一个爆款事件，注定要错过涨粉的末班车。没有资金，没有资源，没有经验，如何涨粉？网上有很多的涨粉案例，不是可复制性低就是与自己的情况不匹配。其实，涨粉的手段并非全然无法复制，而是运营者没有弄懂涨粉活动的核心。

 互动涨粉的技巧

随着市场竞争的愈演愈烈，短视频同质化现象越来越严重。因此，当短视频的内容定位难以同竞品的内容定位分开时，在粉丝心中的心理价值就变得尤为重要。短视频运营者应该搭建起账号与粉丝之间的情感联系，为粉丝提供心理价值，要与粉丝产生互动，切忌自言自语。抖音互动涨粉的4种实用技巧见图6-1。

图6-1　抖音互动涨粉技巧

（一）直播

对于直播，想必大家都不会陌生，一些网红、明星会时不时地在微博上进行网络直播，与粉丝们进行交流互动。在直播中，粉丝可以与博主进行实时的留言评论，沟通效果更好。

在抖音的直播中，博主可以与粉丝分享一些行业经验或知识技能，也可以是平常的有趣的事情，还可以将抖音上的直播链接发到微博等社交平台，增加引流渠道。

在互联网时代，网络直播已经成为网红们通向成功路上必不可少的一种引流方式。网络直播的博主充当演说家的角色，将你的短视频账号和个人价值观念向更多的人进行传播。所以想要利用好网络直播进行引流，就要学习足够多的行业知识，演说口才也要练好，只有这样，才能够在网络直播过程中，更加精准有效地向粉丝们传达自己的经验和知识，才能通过自己的演说吸引更多粉丝来到直播间，感染粉丝。

直播的过程也可以录下来，粉丝对于有兴趣的视频可以不断地选择重播，有效地延长了直播的时间、拓展了直播的空间，将直播内容发挥到最大值。并且在直播过程中，账号的运营者可以与粉丝进行互动，能够使粉丝充分地感受到参与感，有利于提升粉丝的体验。为了吸引粉丝的关注和分享，可以借力热点事件，增加直播的趣味性。

直播是很好地进行自我形象展示的窗口，通过直播可以让粉丝了解你，了解你的短视频，并且可以通过"讲"来塑造你的专业形象。很多人对主播形成了一种刻板印象，认为只有专业出身的人才可以担当主播，只有学过播音主持的才可以从事这一工作。这一认知，客观来说是片面的，对这一方面有兴趣和天赋的人也可以从事这一工作。对于短视频账号的运营者来说，长期稳定的更新，与粉丝分享有趣的、有价值的内容，就可以保持对粉丝的持久吸引力，增强粉丝黏性。

（二）发布生活内容

即使网红营销在短视频平台上发展得如火如荼，但是归根结底短视频还是一个社交App，人们刷抖音的主要目的就是放松心情，消遣时间，了解一下名人动态以及最近有什么好玩的事情，而不是为了在抖音上买东西。但是大号们作为账号的运营者，进行广告变现也是为了生存，如何能发出广告又不被取消关注，好的处理方式是日常生活内容与产品广告的交叉发布。

一些运营者每天还在用一大堆产品广告刷屏，这显然是不符合抖音营销方式的。网红KOL营销是一个带有情感因素的营销模式，具有生活化的特点。如

农产品短视频+直播

果你的抖音主页里充斥着商业广告,又怎么会有感情,怎么可能谈得上生活。

案例链接

在云南丽江有一位短视频博主,她主要通过快手平台来发布内容,内容包括丽江美景、云南美食、女儿小豆芽等,账号名称为"乡野丽江 娇子"。在运营半年之后,"乡野丽江 娇子"的粉丝从0涨到了80万,一则短视频播放量也从0到如今的100万。

"乡野丽江 娇子"账号博主叫王娇(图6-2),在使用快手平台之前,王娇一年卖出的杧果数量大概是3000箱,而成为短视频博主之后,王娇通过2个月的时间便卖出了3000箱。

其实,在运营之前,王娇是昆明一家3D动画制作公司的设计师。王娇的老公高玉楼提出通过"拍视频挣钱"的想法,双方一拍即合。然而,在选择拍什么内容,选择什么平台等方向上,二人产生了分歧。

图6-2 "乡野丽江 娇子"的短视频截图

高玉楼认为,"人们每天都要吃,刚好可以把它记录下来,如果做其他的话,短时间不会产出内容,所以就觉得这个挺适合我们去做。"高玉楼的想法起源于美食相关的内容尤其受到用户欢迎,而且对用户的观看门槛也低,拍摄起来成本也不高。

而王娇所想的短视频的发展方向也是美食,但想法是在城市中通过烘焙上的做法来吸引用户观看,但遭到了高玉楼的否决。高玉楼打算返乡进行拍摄,一时之间谁也没说服谁。

后来家中老人生了重病,王娇才开始改变想法:"后来还是考虑以家庭为主,有孩子以后自然就以老人家和孩子为主了,没考虑多久就回来了。"王娇还表示:"还有一点我老公说得对,现在很多人都往外面跑,我们回去机会就来了,未来的十年农村是很多人向往的地方。"

正是因为明确了短视频的内容方向，王娇他们的短视频运营才能取得不错的成绩。作为运营者，为了让生活日常类的短视频吸引更多的关注，就必须懂得一些"人情味"，分享自己的真实生活写照，内容不能太庸俗，也不能太冷漠。分享的内容一定要贴近大众的实际生活，避免炫富，让粉丝通过你的日常生活去了解到网红也是一个真实存在的人。通过发布正面的、积极的短视频内容，去塑造乐观向上的个人形象以及品牌形象，增强粉丝的黏性与持久性。

（三）多与粉丝评论互动

主播在发布生活日常的同时，也要多与粉丝进行互动。回复评论这件事情看似很普遍，但是对于网红主播来说是让粉丝记住你的重要手段之一，在粉丝积累到一定程度时就需要用点赞评论的方式增加与粉丝之间的情感联系。

成功的网红主播喜欢点赞、回复粉丝的评论，也擅长与粉丝们进行互动交流。做得特别好的甚至会每天都想着该怎么与粉丝进行互动、今天该和哪位粉丝进行互动，该怎样对粉丝评论进行回复等。

抖音上的短视频能够展现一个人的价值观和世界观，打开抖音主页如果是一大批的宣传广告难免会令人反感。有些短视频博主说营销做不好都是因为自己的粉丝太少了，事实上，并不是因为粉丝太少，而是缺乏与粉丝之间的沟通和互动。以评论、点赞的方式与粉丝沟通，让粉丝信任你，与你互动，才是网红抖音号的经营之道。

（四）抽奖

说起抽奖，相信大家并不陌生，各大营销号经常举办抽奖活动，刺激粉丝的活跃度。抖音上的博主每当宣布喜讯或法定节日时，总会在评论中抽奖，为自己的抖音营销添一把火。

1. 抽奖有利于激活沉睡粉丝

其实抖音网红博主的粉丝数都不少，但是这些粉丝有可能是随便关注的，或者由于粉丝关注的同质化网红号太多，没能够进行一个良好的互动，虽然没有取消关注但也难以产生播放量，这就是所谓的"僵尸粉"。"僵尸粉"躺在粉丝列表里，不产生价值，删除了又觉得可惜。那怎么办呢？

当然是将他们激活最好，能激活多少是多少。那么这时候就用到抽奖这一功能了，通过抽奖可以将一部分"僵尸粉"成功激活。

2. 抽奖有利于提高粉丝的活跃度

一些短视频账号的运营者常常有这样的困扰，自己的短视频评论犹如一潭死水，毫无波澜，完全没有任何互动。发个短视频求互动，也仅仅只有几个人。这时就可以利用抽奖来提高粉丝的活跃度呢？与上面所说的激活"僵尸粉"的本质是差不多的，找个合适的理由，然后设置一个参与抽奖的规则。

既然抽奖就涉及奖品的设置，抽奖活动凭借奖金或奖品获取粉丝的注意力。奖项的选择必须考虑两个因素：第一，价值，在选择奖品时，最好做到小金额大刺激，奖品或奖金不一定要高价，而要新奇、独特；第二，奖品的数量设计，可以有一到两个大奖，二等奖的数量应该稍微多一点，与一等奖的价格不能有太大的差距，这将有助于调动粉丝积极地参与抽奖活动。

奖品组合的形式往往是金字塔式，奖品等级分为一个高价值的大奖，然后是几个中等价格的奖项，最后是大量的低价的小奖品。奖励理念是高参与奖，弱化一等奖。

严格、明确、易于理解的奖励规则是抽奖活动成功的基本保证。粉丝对活动的具体方式有自己的常规理解，这就要求短视频博主抽奖活动的具体规则必须公开，接受粉丝的监督。

在进行抽奖活动时，一般会宣布以下相关内容：活动的开始和结束日期、选择中奖者的具体方法、参与条件、具体奖品。在发布抽奖结果时公布奖品的兑换方式，获奖名单要公开公正。

在进行抽奖活动前，先要计算好活动的费用，抽奖活动的费用主要是指奖品或奖金的费用，还应注意的是，实物往往比现金更能节省活动成本。因为奖金没有折扣的空间，奖金1000元，意味着必须花费1000元，但如果你提供一个1000元的产品，你可能不需要支付1000元，可以使用业务伙伴关系获得产品折扣，既能节省成本又能起到宣传短视频账号的作用。

二 设计置顶评论

如何在海量的抖音短视频账号中吸引到粉丝的注意力？这是每一个企业号与个人号都在苦苦思索并想要实现的梦想。在抖音这一战场上，想要独占鳌头无异于海底捞针，但有的抖音号却可以摇身一变贴上网红的标签，开启自己的爆红之路。没有斥资千万的广告宣传，这些抖音号是如何吸引粉丝的注意力的？其实，秘诀是对置顶评论的设计。

很多人看到这里会疑惑，抖音的热门评论不是都由点赞数量决定吗？短视频账号的运营者如何能决定哪条评论的点赞量多呢？一个简单的办法就是在评论中与粉丝互动，与博主互动的评论自然而然会排在较为靠前的位置，但是回复什么样的评论也是一门学问。

（一）回复什么样的人

方法是回复关键人物的评论。为什么有些产品广告打的遍地都是，用户还是很少，有些产品广告宣传看似很少却发展得蒸蒸日上，这是因为营销不是针对大多数用户的，而是针对少数的关键用户，即关键人物法则。

关键人物法则是美国的社会学大师埃弗雷特·罗杰斯（E. M. Rogers）创新扩散理论的内核。在创新扩散理论中，按照不同人群对新事物的态度和行为，罗杰斯把人群分成了如图6-3所示的5种类型：创新者（尝试者）、早期采纳者、早期大多数、后期大多数和保守者。

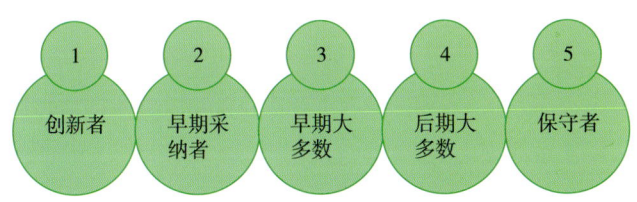

图6-3　创新扩散理论的5种类型人群

罗杰斯认为创新者最具冒险精神。在大多数人的眼中，他们是不可靠、不受欢迎的。他们对抖音短视频的接受不能影响更多的人，甚至会带来负面影响。如果短视频内容的观众定位是大多数的普通人，首先要做的就是避开这群创新者。

早期采纳者是"典型的地方主义者"，能把握舆论导向，在沟通中被称为"意见领袖"。即使"意见领袖"的意见不一定是准确的，也仍然具有一定程度的作用。他们具有以下3个特点。

1. 内行

我们身边总有这样一群人，他们在我们不知道如何选择时，会提出建议。我们处在一个深受局内人影响的时代，他们可能是专业人士，如医生、律师、教师，但更多的时候是一个交友圈中掌握某类知识最多的人。

2. 分享和帮助他人

人类作为一种社会性动物，分享和帮助是一种本能，这一本能在早期采纳者身上最为明显。他们分享信息，帮助别人实现自我价值，他们对新事物的态度是开放又谨慎的。他们认为正确地采纳新事物，可以增强权威地位，而一旦出现错误，地位就会降低。早期采纳者小心翼翼地分享新事物。一旦短视频被这类人采用，他们会以较强的号召力推广给周围的朋友。早期采纳者接受新事物的程度低于创新者，但他们的接受程度是短视频账号涨粉成败的首要因素。

3. 话语权

这类人群的话语权适用于特定的领域，一般源于收入、地位、文化上与其他人的差距，差距要适中，如果差距太大，就不会建立话语权。因为一旦差距太大，就会脱离其特定领域，言论的权力将不复存在。

早期大多数与后期大多数是人数众多的普通群体，占总目标用户的70%以上。"不要成为第一个下海的人，也不要成为最后接受新事物的人。"这是早期大多数与后期大多数人群的心理写照。他们有从众心理，喜欢随大流，群体之间存在一定的互动，但缺乏引导民意的能力。这类人是构成视频观众的主力军，互动涨粉的最终目标就是获得这类人群的认可，他们很容易听从早期采纳者的号召。

保守者指的不仅仅是那些守旧的、拒绝接受新事物的人，也包括那些不认同你的短视频的人，或者竞争对手的忠实粉丝。创新扩散理论认为保守者占总目标人群的15%。如果抖音账号的运营团队想让他们接受自己的产品，在大多数情况下是不可能的，聪明的运营团队不会针对保守者耗费大量资源。更好的方法是直接把保守者排除出目标用户，更有利于短视频账号被大众接受。

遵循创新扩散理论，找到关键人物，将关键人物作为评论回复的对象，将其培养成自己的忠实粉丝对于账号的宣传推广、涨粉、引流有很大的益处。

（二）回复什么样的评论

选择好回复对象后对其发表的评论内容也要加以选择，一般情况下回复的评论类型包括以下几种。

- 粉丝确实存在的疑惑；
- 较为有趣的热门评论；
- 有利于加强粉丝好感度的口碑评论。

宣传好的口碑是短视频账号提高粉丝转化率与视频播放量的一种方式。好的口碑往往让账号的运营事半功倍，可以在评论的互动中引导用户说出对短视频内容创作的积极评价。

任务二　煽情涨粉

煽情涨粉的特点是，通过感人的短视频内容引起粉丝的情感波动，使粉丝在价值观念上与短视频产生共鸣。这样的煽情涨粉策略既适合个人号，也适合品牌知名度高的企业号。因为在这个阶段，产品质量相差无几，产品间的竞争已经超过了产品本身，上升到整个品牌的定位差异层面。短视频内容体现的情感价值，其作用像是一块敲门砖，适当地煽情可以帮助短视频博主顺利获取粉丝。

 最容易感动浏览者的5种情感要素

优秀的短视频创作必须体现出情感。高冷的短视频内容或许适合少数的课程教学，但绝对不适合想要涨粉的抖音短视频账号。无论短视频内容是在逗观众笑，是在鼓舞观众，还是在安慰观众，都可以通过内容创作合理地表达情感。总的来看，最容易感动浏览者，引起浏览者情感共鸣的情感要素有以下几种。

（一）情怀

以抖音App为例。用户喜欢抖音短视频的原因成千上万，而其中的人文情怀绝对是最重要的原因之一。所以，运营者要想让自己的短视频"火"起来，可以从情怀着手。比如，大多数的中国人对乡村生活有着一定的向往，寻一处净地造一座乡村院子，这已不是生活的一部分，更多的是一种情怀。这种情怀符合大多数中国人的价值观念，当我们从乡村无所觅寻时，只能寄情于如今短视频中的乡村生活，让我们重温了乡村生活的美好。

（二）夸张

运用夸张的情感表达可以清楚地让观众感受到短视频的内在情感价值，

虽然夸张有不可信的一面，但短视频中的人物感情的夸张宣泄，反而更好地表达了现实生活中不能表现出来，或不善于表达感情的观众内心的复杂情感。因此，夸张的情感表达反而可以被大多数的短视频观众所接受。

（三）故事

俗话说，人们都喜欢好故事，当消费者喜欢上了销售者的故事，无形当中就等同于认同了销售者所传达的价值观，对产品便会有更深厚的感情。纵观当今火爆的农产品销售短视频，无不有吸引人的背景故事，回馈家乡也好，创业失败也好，或者是对创业的激情也好，故事讲得专业、讲得好，农产品视频号自然就不愁粉丝。

（四）气氛

注重短视频当中对于情感氛围的营造，通过一系列的渲染使短视频故事中特定的氛围丰富起来，在主人公、故事情节、画面色彩上尽可能体现一致性，使短视频在整体氛围中呈现出统一的风格。

二 从关注者角度寻找内容煽情点的实战技巧

短视频的内容创作者是否可以准确地从关注者的角度寻找内容的煽情点，几乎决定了短视频煽情涨粉的成功或失败。分析关注者的情感需求是短视频内容煽情的第一个步骤。常用的分析框架有3种，即马斯洛的需求层次理论、KANO模型以及Censydiam用户动机分析模型。

马斯洛的需求层次理论在上文中提及过，简单来说，就是短视频内容要满足关注者的生理需求、安全需求、社交需求、尊重需求或自我实现的需求。这里不再赘述。

（一）KANO模型

KANO模型如图6-4所示，由于关注者需求的多样性，一个短视频难以满足所有关注者的需求。为此，内容创作者需要对关注者的需求进行分类，集中力量解决最紧迫的关注者需求。

在KANO模型中，狩野纪昭将用户的需求分为5类，即必备型需求（短视频的基础功能）、期望型需求（需求越得到满足，用户的满意度越高）、兴奋型需求（短视频出乎关注者意料之外的功能）、无差异型需求（不会影响满意度）、反向型需求（降低满意度的功能，如付费）。

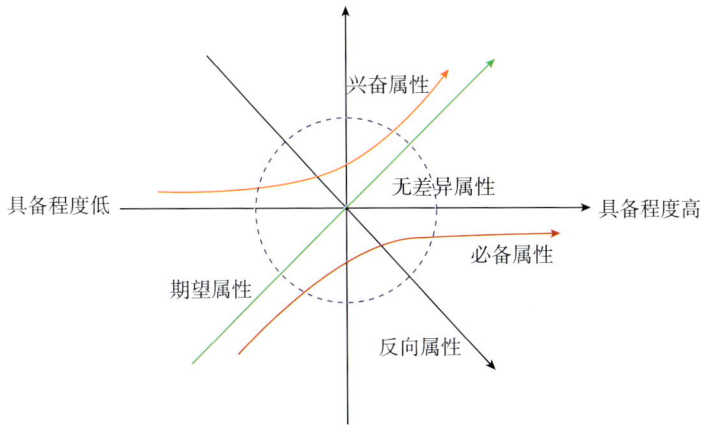

图6-4　KANO模型二维属性示意图

KANO模型并不是一个将用户满意度量化的工具，而是区分不同用户的需求，是一个识别用户需求、设计短视频内容的入口。通过深入了解用户需求创作出来的短视频可以全面提高关注者满意度。

"乡野丽江娇子"的主播王娇可能是丽江地区短视频账号中最早意识到涨粉重要性的。一天，他们拍做鱼的视频，他们的女儿"小豆芽"知道妈妈在做饭，端着鱼就入了镜，没想到后来粉丝的留言都在关注小豆芽。"小豆芽"的意外入镜让他们发现了涨粉诀窍，并且根据这一发现改变做短视频的策略。在此之后，"小豆芽"也成了视频中的必备要素。因此，"乡野丽江娇子"的账号除了做美食之外，还加上了和孩子的互动，视频发展方向从美食转变为"美食+亲子"（图6-5）。因为"小豆芽"的加入，"乡野丽江娇子"的账号涨粉速度迅速上升，发布一则新视频后，往往能够新增5万~6万的粉丝量。正因为他们根据关注者的需求不断调整短视频，他们账号发展的速度才比别人要快。

图6-5　王娇与"小豆芽"的短视频截图

（二）Censydiam用户动机分析模型

Censydiam用户动机分析模型的基本逻辑是，用户的需求在社会和个人两个层面存在。在面对不同层次的需求，用户将有不同的解决方案。通过研究用户对策，可以看到用户的内在动机，主要内容可以概括为"两个维度""四大策略"和"八个动机"。

"两个维度"意味着用户需求的两个层面。在社会层面，用户在集体与个人之间做出权衡，也就是说，归属感带来的安全，例如，在抖音平台上充分表达自己的个性获得的成就感。在个体层面，当一个人有欲望产生，可以选择抑制或释放。这个维度帮助内容创造者预测潜在的关注者满意度。

"四大策略"是用户面对内在需求，可能采取的四种解决策略，见图6-6。

> 在集体中寻找快乐，从众和谐；
> 回到自己的内心世界，克制欲望；
> 表达成功自我，得到他人的赞许；
> 释放内心欲望，积极享受，探索更广阔的世界

图6-6 Censydiam用户动机分析模型的四大策略

Censydiam用户动机分析模型分析和总结了人们表现出来的多种行为动机。

1. 活力／探索

这种行为动机的关注者对万事万物充满了好奇心，他们喜欢新奇，渴望新情感，敢于挑战自我，自由与激情是这类用户的代名词。针对这类观看者的煽情从"新"出发。

2. 个性／独特

出于这种行为动机的观看者表现得非常理智，他们希望得到他人的注意力。众人的关注使这类用户产生一种优越感。因此这类用户的煽情点可以通过对评论的回复完成。

3. 舒适／安全

出于这种行为动机的用户关注内在世界，想要得到精神的放松，希望被保护，这种类型的用户往往念旧有情怀。内容创作者可以注意短视频中情怀的表达。

4. 融合／沟通

出于这种行为动机的用户心态开放，不吝于与他人分享快乐与美好，易于相处。这种类型的用户往往会自发地成为短视频的传播者。

总之，关注者的角度才是短视频内容创作的根源，动机是观看行为的原因，行为又是为了满足关注者的需求。短视频之所以煽情成功就在于它引起了关注者的动机。还需要补充的一点是，通过分析得出关注者的情感需求后，在资源有限的情况下，内容创作者应该仔细选择要满足的情感，在一个短视频中满足所有的情感需要几乎是不可能的。

任务三　推广涨粉

为了获得更高的播放量，短视频博主需要持续获取粉丝，这便需要通过推广来实现这一目标。

一　进行短视频内容推广的4个目的

如今各大短视频博主都在纷纷推广自己的短视频内容，即便那不是广告，也毫无变现成分，仍然不遗余力地进行。事实上，进行短视频内容推广能够很大程度上提升短视频博主的影响力，进而达到以下4个目的（图6-7）。

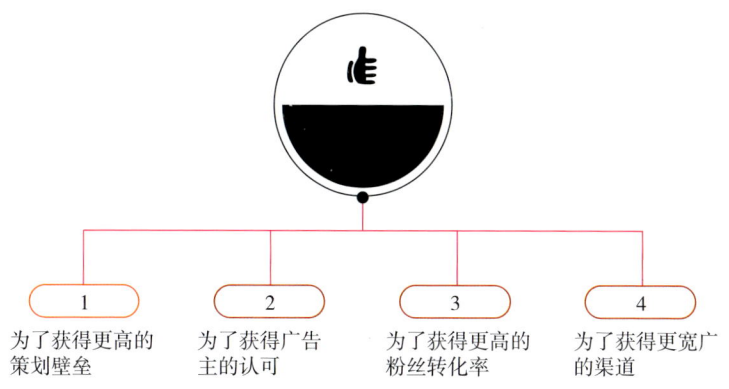

图6-7　进行短视频内容推广的4个目的

农产品短视频+直播

（一）为了获得更高的策划壁垒

运营短视频与普通的文字、网站运营等都有所不同，需要更加专业的人员来进行这一项工作。对于普通用户来说，短视频可以是随心所欲的策划内容，但是对于大号而言，短视频相当于简版的电影，对短视频内容要进行专业的编导、策划、脚本等。不仅如此，专业的摄像师、音响师以及灯光师都是短视频创作内容的重要因素。而以上提到的因素单凭一个人的力量是无法完成的，往往需要一个专业的团队。

通过短视频内容推广，短视频博主的影响力会随之增强，能够吸引的专业人才更多，甚至会有MCN机构邀请博主进行签约，为博主提供更为专业的运营团队。当短视频的内容更为专业时，仿制的难度便会增加，以此来保证短视频内容的独特性，稳住短视频博主的地位。

（二）为了获得广告主的认可

众所周知，短视频与文字、图片相比更具视觉冲击性，在用户的脑海中能够形成更深刻的印象。不仅如此，用户在观看短视频时，身心也会随之而放松。正因如此，短视频在宣传品牌信息时的效果会更好，进而成为最受欢迎的营销方式之一。

短视频博主进行短视频推广，除了不断涨粉提升自身影响力之外，也是让自己的短视频内容被广告主发现的重要手段。当广告主认可了短视频博主的内容后，在接下来的营销中极有可能与短视频博主形成合作。

（三）为了获得更高的粉丝转化率

由于短视频本身所具备的专业性以及放松性的双重特征，再加上用户对于新鲜事物的好奇心理，短视频内容推广之后，认可的用户将会不断模仿内容的特征，无形之中转化成为短视频博主的粉丝，而涨粉也是短视频内容推广的目的之一。

（四）为了获得更宽广的渠道

随着互联网的迅速发展以及智能手机的普及，短视频一旦获得高转发量便会在全网普遍出现，因此如果短视频内容能够推广到这个程度，那么各大平台都会向短视频博主抛出橄榄枝，如同"乡野丽江娇子"的案例一样，这也是众多短视频博主进行内容推广的目的之一，甚至可以说是终极目标，因为这将意味着其影响力已经达到足够变现甚至实现盈利的程度。

当然除了上面介绍的这些之外，短视频营销还有一个最大的特点就是它的趣味性。就像我们平时看到一本书，但是不一定会把它翻开，可是如果我们走在大街上，看到一个播放的视频，很多人都会停下脚步来看两秒，因为它能够给人带来一种放松的感觉，而不是简单的传统的营销方案，所以短视频营销应该会受到越来越多人的欢迎，也会带动各个营销产品的发展。

 短视频账号推广的实用技巧

对于不少初创团队而言，即便找对了内容发展方向，但是由于竞争激烈，如何对短视频账号进行推广仍然是一大痛点。针对这一问题，在此总结了短视频账号推广的实用技巧，以期能够为众多短视频博主解决问题。

（一）保证内容的质量

如今短视频市场人口红利开始走下坡路，格局发展形成严重的马太效应。一方面，各大短视频平台的短视频头部账号由于形成了自己的一定特色，再加上庞大的粉丝规模以及专业的运营能力，另外还得到平台流量倾斜，这些短视频的内容以及地位都越来越巩固。而另一方面，看到短视频发展风靡之势的后来者，通过模仿各种短视频头部账号的内容来发展成的中长尾账号，即便再如何努力也难以跻身短视频大号行列。

想要真正地发展短视频，改变这一现状，还是需要遵循"内容为王"的终极信条。高质量的短视频内容对于短视频账号的带动作用很明显，如今位列头部账号的短视频除了眼光独到，快速占取短视频垂直领域，更重要的还是其创作的内容足够优秀，突出差异化，并且获得用户的认可，为自己的推广宣传奠定良好的基础。

内容质量通常可以通过完播率、播放率、点赞率、评论率以及转发率这5个指标来体现，短视频账号通过关注这5个指标来不断完善自己的内容，在保证内容质量的基础上进行推广，往往能够获得更好的成效。

（二）与爆款原视频合拍

在短视频博主缺乏原创能力的同时，可以通过模仿其他博主的原视频来获取人气。虽然爆款短视频比较少见，但也不是没有，甚至每隔一段时间都能出现几个。短视频博主发现某一个视频火了以后，便可以与这个视频进行合拍。

 农产品短视频+直播

因为短视频大号也会经常查看与该款短视频合拍的内容，如果内容模仿得足够精彩，那么原博主也会进行评论和点赞，进而吸引更多用户的关注度。

【温馨提示】

需要注意的是，短视频博主最好做一些小幅度的有创意的修改，背景音乐也可以适当进行更换，让短视频以更为独特的方式出现在大众面前。

（三）平台推广服务

以抖音为例，该平台的推广服务有抖加、官方联合话题挑战赛、抖音蓝V认证或者是创意贴纸，都能够在一定程度上对短视频账号的推广起到帮助作用。

只有获得足够的曝光率，短视频账号才有可能实现更大范围的涨粉，因此短视频博主才需要去学会通过各种手段来推广自己的账号，才能获得更大的曝光率。

任务四　如何增强粉丝黏性

通过粉丝实现价值最大化利用，并且获得收益的前提必定是粉丝对于短视频博主、内容等具备相对强的黏性，否则是不会为短视频博主买单的。因此，短视频博主需要学会粉丝运营，通过线上、线下的不同方式来增强粉丝黏性。

一　线上短视频粉丝运营的常见形式

粉丝数量对短视频播放量也能产生相当大的影响，粉丝量越多，获得高播放量的可能性越大，尤其是对于美拍、微博等平台而言，粉丝量对于短视频的整体发展影响极大。因此，短视频博主需要学会粉丝运营，以此来不断提高粉

丝黏性。从粉丝的特性及价值进行划分，短视频粉丝可分为3种类型，接下来便通过这3种类型的粉丝来讲述一下如何在线上运营。

（一）品牌粉——将短视频当情感归属

品牌粉是指对短视频有情感依赖以及归属感的群体，这类粉丝对于短视频的关注相当于追星一样，内容并不是最重要的，短视频的品牌情调、互动方式才是他们最为看重的，这也是短视频博主自身人格魅力的转化结果。对于短视频博主而言，品牌粉的价值最高，因为黏性与忠诚度非常高，但是在引流过程中也不容易获得。通常情况下，品牌粉具有的优点以及缺点见图6-8。

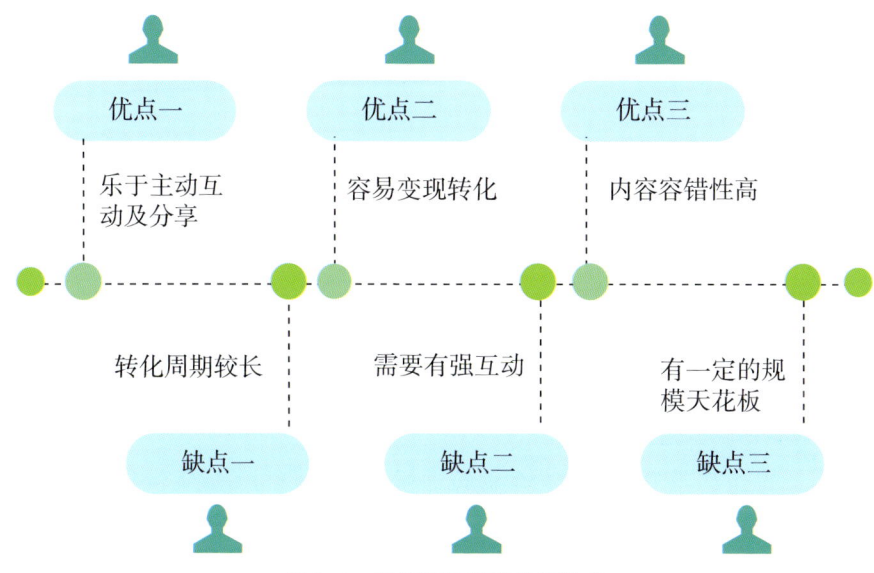

图6-8 短视频品牌粉的优缺点

根据品牌粉的特征，对其进行线上运营的核心要素是：加强品牌粉对短视频品牌的参与度，除了让他们认同内容价值，还应该让粉丝参与到短视频的成长建设当中。因此，短视频团队可以通过建立社群以及沟通机制来进行日常交流，以此来增强情感纽带，同时也为粉丝反馈提供了重要渠道，并且还可以充分发挥流量池、护城河的价值。不仅如此，建立社群以及沟通机制成本较低，但是效果明显，对于初创团队而言是一种不错的运营方式。

除此之外，为了提高品牌粉的参与度，短视频品牌还可以邀请品牌粉参与到内容选题以及标题撰写当中，而粉丝也乐于参与到短视频构建以及策划传播中。

农产品短视频+直播

（二）内容粉——把短视频当作兴趣窗口

顾名思义，内容粉是指被短视频内容质量吸引的粉丝，对于短视频内容有获得观点、方法等方面的诉求，同时也会要求内容具备一定质量。与品牌粉相比，这类粉丝更注重自己从短视频内容中能够收获的事物，因此内容粉也是短视频的主要输出受众，通常情况下具备的优缺点见图6-9。

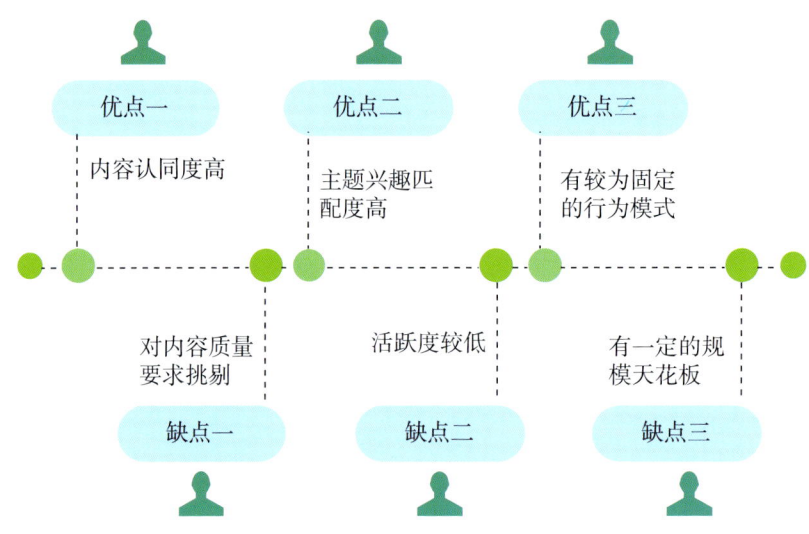

图6-9　短视频内容粉的优缺点

对于内容粉的线上运营思路是通过引导来帮助他们形成短视频使用习惯，进而深入挖掘其存在价值。因此，短视频团队可以通过多创造高质量内容来吸引内容粉，这是粉丝比较喜闻乐见的。除此之外，短视频博主需要保持好的内容生产规律，最好能够形成流程化的内容生产机制，通过这种规律来培养用户习惯。

（三）路人粉——对短视频处于观望阶段

短视频账号收获的路人粉通常是通过两种渠道而获得的：一种是通过某一爆款短视频来进行关注的新粉丝；另一种则是由于举办某种线上活动引导关注的粉丝。但总体来说，这两种渠道都带有一定的偶然性质，在粉丝对短视频内容风格及定位不了解的情况下，只能不断摸索前进。但是只要运营得好，短视频账号的路人粉也可以转化为品牌粉或者内容粉。以目前的情况来看，短视频账号的路人粉具备的优缺点见图6-10。

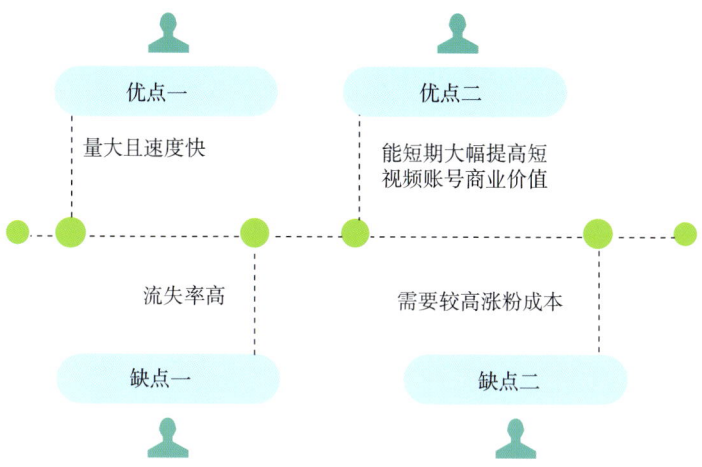

图6-10　短视频路人粉的优缺点

在运营路人粉的思路上，短视频博主往往会感到有些无奈，因为在不确定双方匹配度的情况下获得的粉丝极容易流失。因此，短视频博主可以通过筛选路人粉中的目标用户，通过强化内容质量来进行留存。而对于一些不具备长期运营价值的路人粉，短视频博主也不需要强求留存，可以尽快通过各种手段来利用其流量价值。

针对不同的粉丝采取不一样的运营方式，能够帮助短视频博主更好地进行精细化运营。但是短视频账号作为一个媒体窗口，只有向粉丝提供有价值的内容或服务，才是留存粉丝的核心竞争力。

二　线下粉丝活动运营实战策略

所有的短视频团队都在抢夺流量，但是大部分流量都在回归短视频头部账号，并且随着线上平台红利期的逐渐减弱，线上获取并且转化粉丝的成本逐渐升高。随着线上线下整合营销的发展，通过线下活动实现粉丝运营也是不错的方式。通常情况下，短视频可通过3种方式来进行线下粉丝活动运营，见图6-11。

图6-11　短视频进行线下粉丝活动运营的3种方式

农产品短视频+直播

（一）全民参与的线下活动

全民参与活动需要从不同的角度出发，根据一些大众方向来挖掘更多贴近全民用户的线下活动。短视频的参与门槛低，除了各大短视频账号，许多用户都能够参与其中。短视频团队还可以举办一些比较具备影响力的大型线下评选活动，并且设置具备吸引力的奖励制度来吸引用户深度参与。

全民参与活动进入门槛低，但是参与度非常高，参与用户囊括各行各业，与此同时还能输出有趣的内容。举办一个全民参与活动自然需要粉丝支持来进行，通过强有力的互动，能够在一定程度上帮助短视频博主提升粉丝活跃度，还能有效提高留存率并且不断涨粉。除此之外，活动举办得好，也能在一定程度上提升短视频博主的知名度。

（二）举办主题活动

与全民参与的线下活动不同，主题活动比较适合垂直范围的用户参与，因此往往是做垂直短视频内容的团队采取的运营方法。如果将这一线上活动举办好了，很容易在垂直领域中打出知名度，同时可以有效增强粉丝黏性。

（三）定期举办见面会

这个对于个人魅力极强的、颇有影响力的短视频团队来说十分重要，因为对于短视频团队而言，粉丝与自己接的品牌广告必定有部分是重叠的，而根据定期举办用户线下活动，能够有效驱动粉丝的购买力，因此也成为常规化的运营手法。

值得一提的是，短视频团队举办线下活动，也可以借助粉丝的力量来进行。有的短视频团队会搭建自己的官方应援团，协助短视频团队来搭建更好的线下活动体系，因此通常会号召广大粉丝来参与到活动当中，以此来保证粉丝的活跃度。

项目七

盈利攻略

无论是什么平台什么方向的短视频账号,在涨粉之后便会面临变现的问题。只有持续输出高质量内容,才能让后期的盈利之路更为顺利。那么,对于运营者来说,当拥有了高质量的短视频账号后如何进行变现呢?本项目主要介绍了广告盈利、内容盈利、平台盈利等变现攻略。

农产品短视频+直播

任务一　广告盈利

广告盈利是短视频盈利的常用方法,也是比较高效的一种盈利模式,而且短视频中的广告形式可以分为很多种,比如冠名商广告、浮窗LOGO、广告植入、贴片广告以及品牌广告等。本任务将从广告这一常见形式来分析如何通过短视频进行变现。

 品牌广告——量身定做快速变现

品牌广告的意思就是以品牌为中心,为品牌和企业量身定做的专属广告。这种广告形式从品牌自身出发,完全是为了表达企业的品牌文化、理念而服务的,致力于打造更为自然、生动的广告内容。这样的广告变现更为高效,因此其制作费用相对而言也比较昂贵。

图7-1所示为抖音达人围绕农家蜂蜜品牌打造的一则短视频广告。

图7-1　农家蜂蜜打造的品牌广告

在短视频中，通过向人们展示纯蜂蜜的酿造，成功吸引用户眼球。同时在视频展示一段时间后，适时植入了引导用户购买的农家蜂蜜的链接，短时间内就吸引了50多万用户去点赞。

由此可见，品牌广告的变现能力是相当高效的，与其他形式的广告方式相比针对性更强，受众的指向性也更加明确。

二 植入广告——创意式变现效果更好

在短视频中植入广告，即把短视频内容与广告结合起来，一般有两种形式：一种是硬性植入，不加任何修饰地硬生生地植入视频；另一种是创意植入，即将短视频的内容、情节很好地与广告的理念融合在一起，不露痕迹，让观众不易察觉。相比较而言，很多人认为创意植入的方式效果更好，而且接受程度更高。

在短视频领域中，广告植入的方式除了可以从"硬"广和"软"广的角度划分外，还可以分为台词植入、场景植入、道具植入、奖品植入以及音效植入等方式（图7-2）。

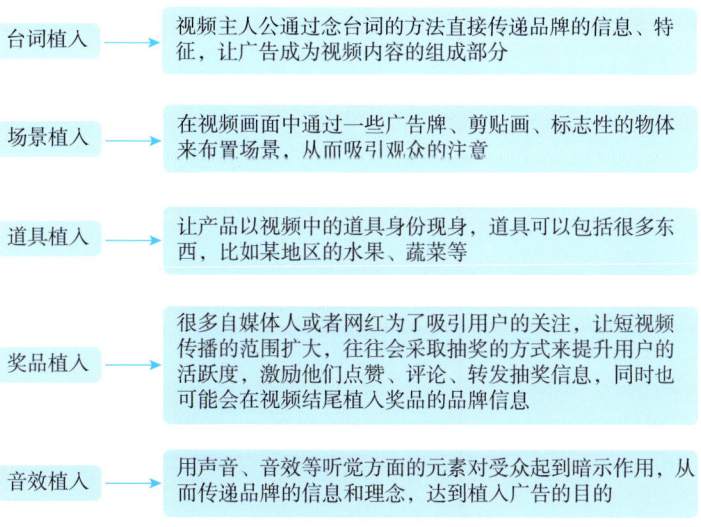

图7-2 视频植入广告的方式

农产品短视频+直播

三 冠名商广告——借助影响力变现

冠名商广告，顾名思义，就是在节目内容中提到名称的广告，这种打广告的方式比较直接，相对而言较生硬，主要的表现形式有3种，见图7-3。

冠名商广告 → 表现
- 片头标板：节目开始前出现"本节目由××冠名播出"
- 主持人口播：每次节目开始时说"欢迎大家来到××"
- 片尾字幕鸣谢：出现企业名称、LOGO、特别鸣谢××

图7-3 冠名商广告的主要表现形式

在短视频中，冠名商广告同样也比较活跃，一方面企业可以通过资深的自媒体人（网红）发布的短视频打响品牌、树立形象，吸引更多忠实客户；另一方面短视频平台和自媒体人（网红）可以从广告商处得到赞助，双方易成功实现双赢。

【温馨提示】

需要注意的是，冠名商广告在短视频领域的应用还不是很广泛，原因有两点：一是投入资金比例大，因此在选择投放平台和节目的时候会比较慎重；二是很多有人气、有影响力的短视频自媒体人不愿意将冠名商广告放在片头，而是放在片尾，目的是为了不影响自己视频的品牌。

四 浮窗LOGO——盈利优缺点兼具

浮窗LOGO也是广告盈利形式的一种，即悬挂在视频画面角落里的标识。这种形式在电视节目中经常可以见到，但在短视频领域应用得比较少，可能是因为广告性质过于强烈，受到相关政策的限制。

浮窗LOGO是广告变现的一种巧妙形式，但同样它也是兼具优缺点的，那么具体来说，它的优点和缺点见图7-4。

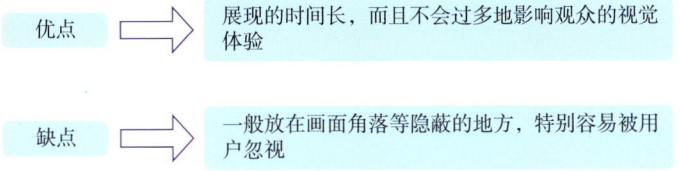

图7-4 浮窗LOGO的优点和缺点

【温馨提示】

浮窗LOGO具有两面性，但总的来说，不失为一种有效的变现方式。自媒体人或者网红如果想通过广告变现获得收益，不妨可以试试这一利弊兼具的模式。

五 贴片广告——优势明显的盈利方式

贴片广告是通过展示品牌本身来吸引大众注意的一种比较直观的广告盈利方式，一般出现在片头或者片尾。图7-5所示为贴片广告的典型案例，品牌的LOGO一目了然。

图7-5 贴片广告

贴片广告比其他广告形式更容易受到广告主青睐，因为其具有如图7-6所示的优势。

 农产品短视频+直播

```
                    ┌ 明确到达：想要观看视频内容，贴片广告是必经之路
                    ├ 传递高效：和电视广告相似度高，信息传递更为丰富
贴片广告 →  优势  ──┼ 互动性强：由于形式生动立体，互动性也更加有力
                    ├ 成本较低：不需要投入过多经费，播放率也较高
                    └ 可抗干扰：广告与内容之间不会插播其他无关内容
```

图7-6　贴片广告的优势

【温馨提示】

贴片广告的变现方式比较靠谱，从它的优势就可以看出，很多视频平台都已经广泛采用了这种广告变现模式，并获得了比较可观的收益。短视频的贴片广告也逐渐成为广告变现的常用模式。

任务二　内容盈利

知识付费是近年来内容创业者比较关注的话题，同时也是短视频盈利的一种新思路。怎么让知识付费更加令人信服？如何让拥有较高水平的短视频成功变现、持续吸粉？两者结合是一种新的突破，既可以让知识的价值得到体现，又可以使短视频成功变现。

从内容上来看，付费的盈利形式又可以分为两种不同的类型，一种是细分专业咨询费用，另一种是教学课程收费。接下来，编者将专门介绍这两种不同内容形式的盈利模式。

一　针对性强的细分专业咨询

知识付费的发展越发火热，是因为它符合了移动化生产和消费的大趋势，尤其是自媒体领域，知识付费呈现出一片欣欣向荣的景象。付费平台也层出不

穷，比如在行、知乎、得到以及喜马拉雅FM等。那么，值得思考的是，知识付费到底有哪些优势呢？为何这么多用户热衷用金钱购买知识呢？其优势见图7-7。

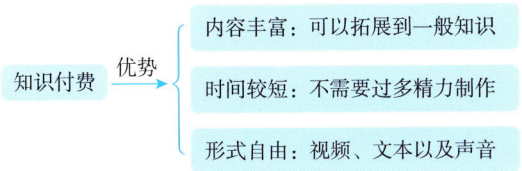

图7-7 知识付费的优势

细分专业的咨询是知识付费比较垂直的领域，针对性较强，国内推出了知识付费的问答平台。图7-8所示为"问视"的首页。

图7-8 "问视"的首页

而"回答"页面则主要分为"单问"和"多答"两个板块。问视的盈利主要是通过回答问题来完成的。由于短视频本身时长较短，因此在内容的表达上也会有所限制，进而造成付费难的情况。细分专业的咨询或许会比较容易，但还有很多类型的知识付费有待探索和发现。

农产品短视频+直播

案例链接

"老张养鹅"创始人,从事养鹅17年,在头条上开设付费专栏后,仅用不到两个月的时间就获得4.7万元的回报,见图7-9。

此外,还有更多创作者通过内容电商改善生活,帮助家乡扶贫,比如"南方小蓉"是一名粉丝过百万的创作者,前段时间,她帮助家乡在10天内售出1.5万千克苹果。再比如"型男行走乡村"在"尝鲜节"期间仅用3天的时间销售额就突破百万元。

图7-9 "老张养鹅"短视频截图

平台上越来越多垂直、专业的"三农"创作者通过付费专栏实现知识盈利,有300位作者开通了付费专栏,并且上传了800套专栏课程,不少种植、养殖、水产、乡村旅游等领域的作者通过付费专栏获得上万元收入。

二 更加专业的在线课程教授

知识付费的变现形式还包括教学课程的收费,一是因为线上授课已经有了成功的经验,二是因为教学课程的内容更加专业,具有精准的指向和较强的知识属性。很多平台已经形成了较为成熟的视频付费模式,比如沪江网校、网易云课堂、腾讯课堂等。再比如以直播、视频课程为主要业务的千聊平台,其很多内容都是付费的。而且为了吸引用户观看,平台还会开展诸多活动,比如打折、优惠等。

短视频的时间短,这对于观众接受信息而言是一大优势,但从内容的表达角度来看却是一大劣势,因为时间限制了内容的展示,让付费难以成功实施。如果短视频创作者想要通过知识付费的方式变现,就需要打开脑洞、寻求合作,比如哔哩哔哩平台上的"郝三农趣"投放的短视频内容风格就别具一格,主要内容为分享真实有趣的农村生活(图7-10)。

项目七
盈利攻略

图7-10 "郝三农趣"在哔哩哔哩（BiLiBiLi）平台上的投稿展示

【温馨提示】

哔哩哔哩（BiLiBiLi）不仅是一个在线视频平台，也是聚集粉丝的社区。因此，粉丝资源对于平台的作用是至关重要的，对于创作者也是内容变现的重要支撑。

任务三　平台盈利

随着短视频和新媒体的迅速发展，互联网行业的平台盈利模式也是层出不穷。了解平台的具体分成收益，对于短视频的创作者和团队而言是至关重要的，一是因为不同的平台在不同的时间段对于短视频的扶持力度是不同的，会随着时间的变化而变化，把握趋势很重要；二是了解不同的渠道有助于创作者

📹 农产品短视频+直播

和团队提升变现的效率。

 移动短视频

随着移动互联网和移动设备的不断发展，移动端的短视频也愈发火热，各种短视频App层出不穷，如快手、抖音、火山小视频等。由于前文在介绍如何选择短视频平台时，已经对其进行了收益解析，故不在此一一赘述。

 在线视频

在线视频其实也是一个比较热门的渠道，自在线视频进入人们的视野以来，就备受大众的喜爱。此后，各式各样的在线视频平台如雨后春笋般涌现出来，不同的平台也开发了自己独有的收益方式。

如今，比较有名的在线视频平台当属腾讯视频、搜狐视频、爱奇艺视频、哔哩哔哩动画等。这些在线视频涵盖的内容范围很广，同时也是上传短视频的较好渠道。下面将以几个典型的在线视频平台为例，介绍它们的收益方式。

（一）腾讯视频：3大条件获得平台分成

腾讯视频是中国领先的在线视频平台，为广大用户提供了较为丰富的内容和良好的使用体验，其内容包罗万象。那么，腾讯视频的主要收益来源是什么呢？其实主要是平台分成（图7-11）。

图7-11 腾讯原创视频截图

但是需要注意的是，要想获取平台分成，就需要满足图7-12的几项条件。

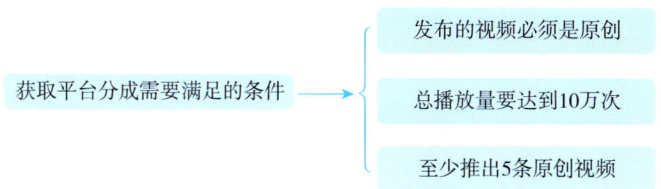

图7-12 获取腾讯视频平台分成需要满足的条件

【温馨提示】

腾讯视频平台的分成收益不是所有的内容方向都能获取——需要符合具体的内容领域，如泛娱乐类视频就能轻松获取平台分成，而生活类短视频则无法获取平台分成。

（二）爱奇艺视频：提出申请获取分成

爱奇艺视频这款主打在线视频的平台，不仅包含很多内容资讯（图7-13），还支持多种平台，如移动、PC以及MAC。关于它的收益，主要是平台分成，而具体的分成方法与其他视频平台有所不同。它是在爱奇艺视频平台发布内容之后，再通过向爱奇艺官方邮箱提出申请的方式获取分成。

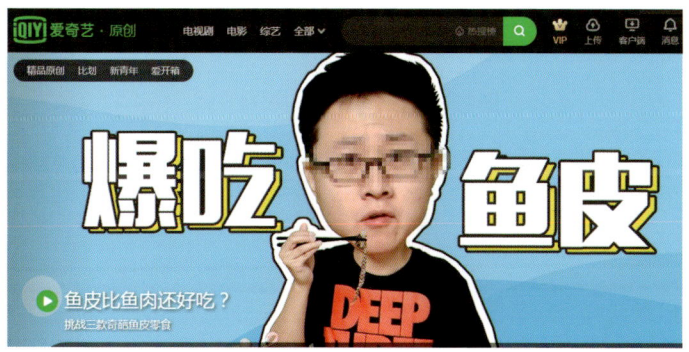

图7-13 爱奇艺原创视频截图

（三）搜狐视频：通过多个渠道赚取收益

搜狐视频是一个播放量较高的在线视频分享平台，提供了高清电影、电视剧、综艺节目、纪录片等内容，同时还提供了视频的存储空间和视频分享的贴心服务，可以称得上是比较人性化的在线视频平台。

农产品短视频+直播

搜狐视频的主要收益来源于几大渠道，主要分为平台分成、边看边买、赞助打赏以及分享盈利。那么，这些收益方式具体有什么要求和标准呢？

首先是平台分成，很多在线视频都具有这一收益模式，但搜狐视频与其他不同的地方在于它的要求十分简单，只要是原创或者是版权授予的视频都可以加入搜狐视频自媒体（图7-14）。

图7-14 搜狐自媒体视频截图

其次是边看边买。这一收益其实是平台的广告收益，具体而言可以分为两种情况，见图7-15。

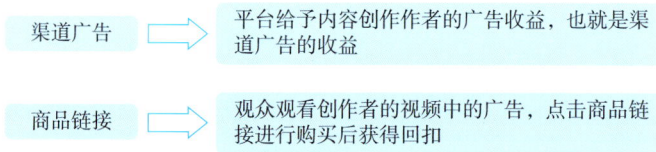

图7-15 边看边买的收益方式

再次是赞助打赏。这也是搜狐视频平台自媒体的主要收益来源，同时也是自媒体与用户进行互动的常用方式。一般而言，只要参与平台分成的视频都可以得到用户的赞助打赏。

【温馨提示】

用户如果对视频内容感兴趣，或者认为可以从中学到知识，那么就可以通过扫二维码的方式对视频进行打赏。

最后是分享盈利。一般在线视频平台都会提供分享功能，搜狐视频也不例外。通过分享视频到站外的其他渠道，比如QQ、微信、微博等社交媒体，吸引用户来搜狐视频站内观看影片，从而提升站内的播放量。

那么，具体是怎样计算收益的呢？每获得1000人次的观看量，就可以得到50元提成。这里的分享盈利需要满足的条件很简单，只要是搜狐视频平台内参与分成的视频，都可以通过分享的方式赚取收益。

（四）哔哩哔哩：垂直内容引导粉丝打赏

哔哩哔哩（BiLiBiLi）又称"B站"，是年轻人喜欢聚集的潮流文化娱乐社区，同时也是网络热词的发源地之一。根据数据公司Quest Mobile发布的《移动互联网 2017年Q2夏季报告》，哔哩哔哩位列24岁及以下年轻用户偏爱的十大App榜首。目前哔哩哔哩的每日视频播放量已经突破一亿。由此可见，哔哩哔哩是一个比较年轻态、活跃化的在线视频平台。

哔哩哔哩的主要收益来自于粉丝打赏，通常是采用投币的方式进行赞助打赏（图7-16）。因为它本身的内容很垂直，吸引的粉丝大部分也都具有相似的兴趣爱好。

图7-16 哔哩哔哩的视频打赏页面

农产品短视频+直播

案例链接

华农兄弟由刘苏良、胡跃清两人组成,他们来自江西省赣州市全南县,两人初中毕业外出打工,多年后又决定回到老家,刘苏良做起了竹鼠养殖,由于"三农"题材短视频的政策支持,胡跃清便联系刘苏良拍摄竹鼠的相关视频,两个人分工明确,胡跃清负责视频的拍摄、剪辑和运营,刘苏良负责出镜以及竹鼠养殖(图7-17)。华农兄弟前期的视频主要投放在西瓜视频,希望可以借此打开竹鼠的销路,直到2018年暑假,华农兄弟凭借短视频《吃竹鼠的一百种理由》在全网爆红,就此华农兄弟入驻哔哩哔哩。

与自媒体时代为了争夺眼球的视频不同,华农兄弟的视频风格朴实自然,不刻意猎奇,不哗众取宠,而是真

图7-17 华农兄弟的短视频截图

实展现农村的美好景象,就连唯美的背景音乐都很少使用,而是采用同期声的方式,将河边的流水声、山林里的虫鸣声通过视频传递到观众的耳边,给受众带来了真实的农村生活体验。入驻哔哩哔哩后,华农兄弟的粉丝量直线飙升,到目前为止,华农兄弟在B站上已有527.7万"粉丝",播放量达到6.7亿,单个视频最高播放量达到一千多万(图7-18、7-19)。而华农兄弟也因此过得越来越好,从而走上脱贫致富之路。竹鼠最近被列入禁食动物,华农兄弟也得寻找新的主题。

图7-18 华农兄弟的主页截图 　　图7-19 华农兄弟短视频播放量超过千万截图

（五）第一视频：成功晋级才能获取收益

第一视频是中国第一家微视频新闻门户网站，同时也是一个融视频、新闻以及移动终端为一体的综合性媒体平台。此外，第一视频还具有强大的云计算、云存储、云搜索以及云关联的功能，不仅提供富有价值的新闻资讯，同时还提供平台让每位有想法的网友都能成为内容的创作者。

第一视频的视频播放界面比较简洁，而且也没有广告，大多都是短短的几分钟视频。在这种情况下，第一视频的主要收益来自哪里呢？是打赏收入。但是需要注意的是，如果想要在第一视频平台获得打赏收益，就必须成功晋级为此平台的自媒体认证会员，否则是无法获取收益的。

（六）爆米花视频：上传优质内容可得利

爆米花视频是一款专注于分享视频的新媒体平台，最大的特色是"免费"，拥有海量的视频内容，内容趋向于娱乐、搞笑。

爆米花视频平台的主要收益来自平台分成，只要用户上传优质内容至视频平台，就可以获取分成收益，门槛相对而言是比较低的。

三 资讯App

（一）今日头条：形式多样，快速实现变现

今日头条是一款基于用户数据行为的推荐引擎产品，同时也是内容发布和变现的平台。作为资深的自媒体渠道，今日头条的收益来源是比较典型的，同时形式也比较多。图7-20所示为今日头条的"收益概览"页面。

图7-20 头条号的"收益概览"页面

农产品短视频+直播

总的来说,今日头条的收益方式主要有六种,具体内容见图7-21。

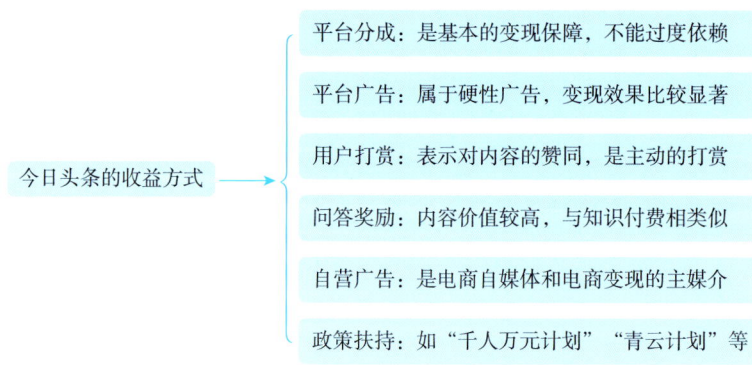

图7-21　今日头条的收益方式

【温馨提示】

"千人万元计划"指的是今日头条平台将在一年之内保证不低于1000个头条号创作者在每个月内至少要获得1万元的收入。显而易见,要想达成这个计划,就必须对发布的内容进行精打细磨,最好是拥有自己的创新点。

(二)百家号:三大渠道,让变现更简单

百家号是百度公司全力打造的创作平台,内容生产者可在此平台上发布内容、通过内容变现、管理粉丝等。那么,百家号究竟是怎么获取收益的呢?总的来说,此平台的收益主要来自三大渠道,见图7-22。要想获取更多的收益,就要打造更为优质的内容,内容为王的道理适用于很多领域。

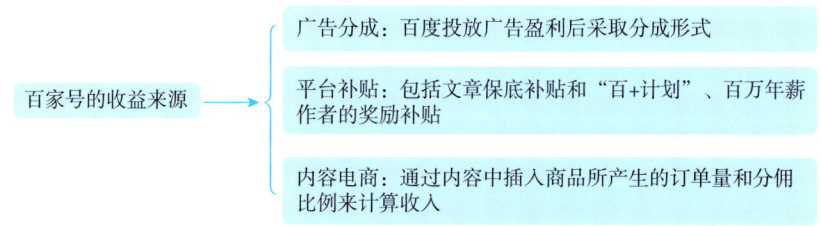

图7-22　百家号的主要收益来源

(三)一点资讯:"点金计划"申请获利

一点资讯是一款基于兴趣推荐的平台,主要特色为搜索与兴趣结合、个

性化推荐、用户兴趣定位精准等。一点资讯平台的收益方式主要是平台分成，不过后来平台又推出了"点金计划"。如果短视频创作者想要在此渠道获取收益，是需要向平台方提出申请的，申请通过后才能开始盈利。

"点金计划"的申请要求比较严格，审核不是很容易通过，具体的条件包括内容比较垂直、综合质量高，账号在60天内没有违禁惩罚记录，基础数据、核心数据达到标准，比如发布文章的数据、原创内容的数据等。综合数据是随着内容质量的提升而不断上涨的，只有内容优质，才有可能通过审核。图7-23所示为点金计划申请的具体标准。

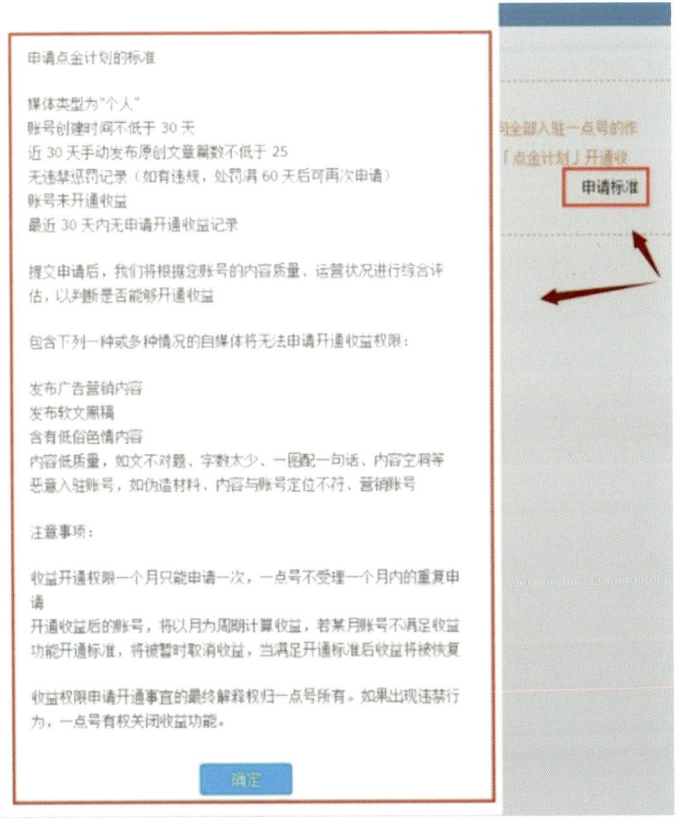

图7-23　点金计划申请的具体标准

（四）网易号：星级提升，获得更高收益

网易号是由网易订阅发展演变而来的，它是自媒体内容的发布平台，同时也是打造品牌的帮手。它的特色在于高效分发、极力保护原创、现金补贴等。网易号的主要收益来自平台分成，不过网易媒体开放平台的分成方法与其他平

🎥 农产品短视频+直播

台有所区别，主要是以星级制度为准，具体方法见图7-24。

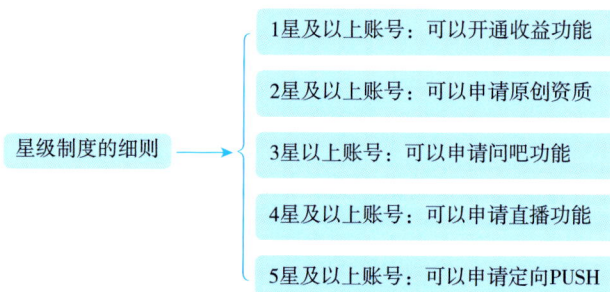

图7-24　星级制度的细则

关于平台分成，网易号只要达到1星级及以上就能获取。在开通收益功能后，运营者应该提升账号流量和文章质量，以便获得更高收益。特别是衡量账号贡献值的三大指标——PV、分享和跟帖是判断收益高低的依据。

另外，运营者还可以通过流量加成政策来提升收益，也就是说，可以留意并参与特定活动，打造特定主题内容，那么就可以通过获得流量加成系数来提升账号流量，从而获得更高收益。

【温馨提示】

网易号的功能齐全，主要分为四大板块，即"原创""问吧""直播"以及"PUSH"（个性化推送）。其中"问吧"指的是一个互动功能，即自媒体入驻网易号平台后，可以直接与用户进行交流沟通，而且问吧产生的内容也会推送到头条区域，以供用户观看阅读。

项目八

数据评估

运营者在进行短视频运营的过程中,要想准确判断和了解运营的效果,就需要根据数据进行分析。本项目主要从内容评估数据和效果数据两个方面进行解读,以便指导读者更加清晰、准确地感知自己的运营、营销状态,为后续工作做好准备。

农产品短视频+直播

任务一　内容评估

在"互联网+"浪潮的席卷下,"三农"内容的创作和消费正如火如荼。短视频内容不仅是运营的重心,还是用户熟悉、接受产品和品牌的重要途径。因此,运营者需要对内容进行重点关注——不仅要策划、收集、制作内容,更要对自己的运营内容进行评估,以便确定未来内容运营方向。接下来,编者从推荐量、播放量、平均播放进度和跳出率、播放时长等方面来进行分析。

一　推荐量:短视频被推荐给多少用户阅读

在抖音短视频和西瓜视频平台上,推荐量都是一个非常重要的数据,能在很大程度上影响视频的播放量。当然,推荐量这一数据与文章质量紧密关联:质量好,契合平台推荐机制,那么当天发布的视频的推荐量就多;质量差,不符合平台推荐机制,那么当天发布的视频的推荐量就少。

那么,推荐量究竟是什么呢？推荐量就是平台系统得出的一个关于发布的视频会推荐给多少用户阅读的数据。这一数据并不是凭空产生的,而是系统通过诸多方面的考虑和评估而给出的,而影响推荐量的主要因素有该账号在最近一段时间内发布视频的情况、短视频内容本身的用户关注热度等。运营者可以通过登录抖音短视频平台或西瓜短视频平台查看推荐量。

二　播放量:短视频被多少用户点击观看

在平台的数据分析中,有多个与播放量相关的数据,即具体视频的播放量、昨日播放量、昨日粉丝播放量、累计播放量等。其中,关于具体视频的播放量,运营者可以在图11-1所示"内容管理"页面的推荐量旁查看。它表示有多少用户在该平台上观看了这个短视频内容。

而其他三项播放量,运营者可以在头条号后台的"西瓜视频"的"数据分析"页面的"昨日关键数据"区域查看,见图8-1。

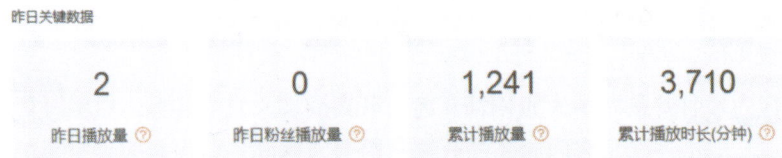

图8-1 昨日关键数据

其中,"昨日播放量"指的是昨日有多少用户观看了该视频;"昨日粉丝播放量"指的是有多少已成为自身账号粉丝的用户在昨日观看了该视频。把每天的"昨日播放量"相加,就成了"累计播放量"。

平台每天都记录"昨日播放量"和"昨日粉丝播放量",这样就构成了"每日创作者视频总计数据明细表"中的"播放量"和"粉丝播放量"数据,运营者可以查看360天内的数据。

三 平均播放进度和跳出率:内容是否符合预期

在头条号后台的"西瓜视频"的"数据分析"页面,运营者可以看到该页面是由3个大的区域组成的,即"昨日关键数据""每日创作者视频总计数据明细表"和"每日发布视频实时统计数据明细表"。如果运营者要查看某一视频的平均播放进度和跳出率,可以在"每日发布视频实时统计数据明细表"中,选择一个视频,单击"操作"栏下方的"详细分析"按钮,进入该视频的"视频分析"页面进行查看(图8-2)。

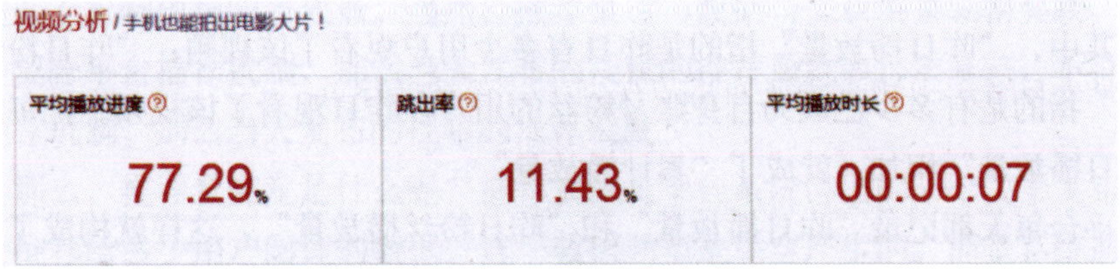

图8-2 查看"视频分析"

其中,"平均播放进度"指的是所有观看用户对该视频的平均播放完成度;"跳出率"指的是所有观看用户中,播放时长小于3s的用户占比。在运营过程中,这两个数据的高低会影响初始推荐量外的推荐量。

如果视频的播放进度占比过低、跳出率过高,就说明更多的用户是受标题和封面的吸引而点击播放了,但是由于视频内容与预期不符甚至相差较大而感到失望，从而放弃继续观看。这样的话，很容易被认定为标题党，该结果是违背平台规则的，因此，平台也会基于这一结果而减少推荐量。

四 播放时长：帮助把握短视频内容的节奏

"累计播放时长"、每日"播放时长"都是相对于平台发表的所有视频来说的，表示在该平台上用户一共花费了多长时间来观看该账号发布的所有视频、每天又具体花费了多长时间来观看该账号发布的所有视频。而这两个数据，又是建立在具体的视频内容基础之上的。只要运营者每天发布一些优质的视频内容，就不愁播放时长不长了。

具体视频的"播放时长"与"平均播放时长"，是运营者需要重点分析的，它们是运营者找到用户观看视频时痛点的必备数据。且这两个数据是有关系的，即平均播放时长=播放时长/播放量。

"平均播放时长"，顾名思义，是指所有观看用户平均观看该视频的时长。把"平均播放时长"和"平均播放进度"放在一起进行分析，可以帮助运营者了解视频内容的吸引力，特别是内容节奏的把握，具体内容如下：

● 了解用户一般会在什么时间离开，离开时附近大概都是些什么内容。
● 了解视频内容中该时间附近让用户离开的关键内容。

五 收藏量和转发量：衡量短视频内容的价值

在头条号后台的"西瓜视频"的"数据分析"页面，"每日创作者视频总计数据明细表"和"每日发布视频实时统计数据明细表"中，除了"播放量"和"播放时长（分钟）"外，二者共有的数据还有"收藏量"和"转发量"。可见，在对视频内容进行评估时，"收藏量"和"转发量"都是关键数据，它们都是用来衡量短视频内容价值的。

（一）收藏量

收藏量，表示的是有多少用户在观看视频之后，将视频内容进行收藏，以备后续观看。这一数据代表用户对内容价值的肯定。

试问，如果用户觉得视频内容没有价值，那他还会耗费终端有限的内存来收藏吗？答案当然是否定的。可见，只有视频内容对用户来说有价值，他们才会毫不犹豫地选择收藏。

对运营者来说，要想提高收藏量，首先就要提升视频内容的推荐量和播放量，并确保短视频内容有实用价值。只有高的推荐量和播放量，才能在大的用户基数上实现收藏量大的提升；只有视频内容有实用价值，如能提升用户自身技能、能提高生活质量等，才能让用户愿意收藏。

（二）转发量

与收藏量一样，转发量也可以用来衡量视频内容的价值。它表示的是有多少用户在观看了视频之后，觉得它值得分享给别人。一般来说，用户把观看过的短视频转发给别人，主要基于两种心理，具体分析如图8-3所示。

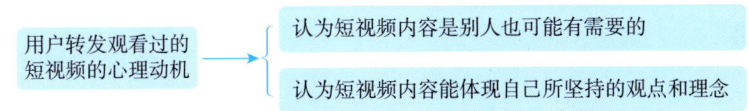

图8-3　用户转发观看过的短视频的心理动机

转发量虽然和收藏量一样可以用来衡量短视频内容的价值，但还是存在差异的——它更多的是基于内容价值的普适性而产生转发行为。从这一点出发，运营者要想提高转发量这一内容评估数据量，就应该从3个方面着手打造短视频内容，提升内容价值，见图8-4。

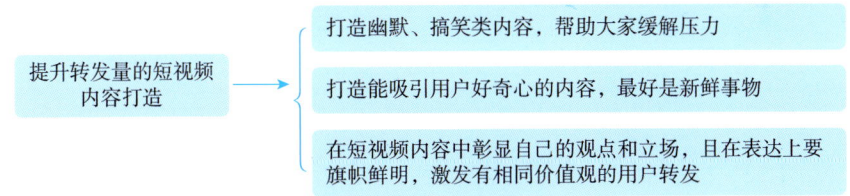

图8-4　提升短视频转发量的内容打造方向

六　点赞量：短视频被多少用户喜欢和认可

在抖音平台上，点赞数可以说是评估短视频内容最重要的数据。对用户来说，只要内容中存在他认可的点，就会发生点赞行为：用户会因为短视频中所包含的正能量而点赞，也会因为其所表现的某种情怀而点赞，还会因为播主某方面出色的技能而点赞，更有可能因为短视频中漂亮的小哥哥小姐姐而点赞……

在"抖音短视频"App中，用户可以查看的点赞数有两个，即抖音号的点

农产品短视频+直播

赞数和具体短视频的点赞数。其中，对于抖音号的点赞数，运营者可以在抖音号主页查看，见图8-5。而具体短视频的点赞数，会显示在短视频的播放页面，见图8-6。

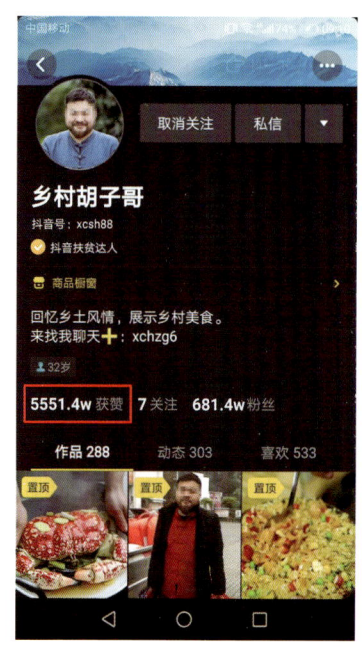

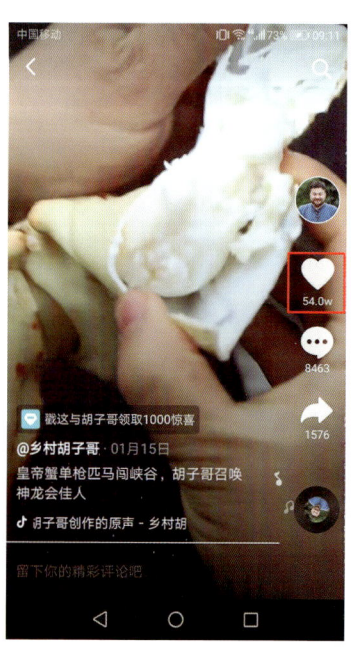

图8-5　抖音号点赞数　　　　　图8-6　具体短视频的点赞数

无论是抖音号的点赞数还是具体短视频的点赞数，不同的账号、不同的内容，点赞数的差别很大，可以上达数百万、上千万，少的甚至有可能为0。

对于抖音号的点赞数而言，当然是越多越好，说明该抖音号的短视频内容更受用户喜欢和认可。但是在评估抖音号的运营内容时，还需要把总的点赞数和具体内容的点赞数结合起来衡量。

原因就在于可能某一抖音号的点赞数完全是由某一个或两个短视频撑起来的，其他短视频内容的点赞数平平。此时运营者就需要仔细分析点赞数高的那些短视频内容到底有哪些方面是值得借鉴的，并按照所获得的经验一步步学习、完善，力求持续打造优质短视频内容，提升抖音号整体的运营内容价值。

七　互动量：短视频被多少用户评论过

在头条号后台的"西瓜视频"的"视频数据"页面，"每日发布视频实时统计数据明细表"中的"评论数"就相当于"互动量",这一数据除了显示在此外,还会在具体视频的"视频分析"页面中的"文章详情"柱形图中显示出来,把鼠标指针移至"互动量"区域上方,会显示具体数据,见图8–7。

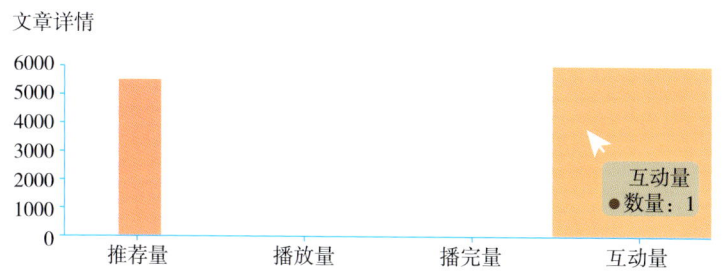

图8–7　"视频分析"页面的"文章详情"柱形图的"互动量"显示

用户对视频进行评论时,并不是全写好的方面,也有批评和吐槽的内容。因此,如果运营者想了解更多的互动信息,可以查看视频的具体评论,以便对内容进行更详细的评估。

运营者可以在"西瓜视频"模块下的"评论管理"页面查看"最新评论"和"视频评论"。其中,"最新评论"显示的是最近的评论;而"视频评论"可以显示所有发表的视频内容的相关评论。因此,运营者可以在"视频评论"页面,选择具体的视频,然后查看其评论内容。

任务二　效果评估

在进行短视频运营的过程中,除了要注意内容方面的评估外,还应该注意因为内容而引起的营销效果方面的评估。这也是对短视频营销的目的是否实现的评估。本节将从显示后访问量、品牌熟悉程度、品牌喜好程度、购买意愿和品牌联想度等方面进行分析。

 显示后访问量:有意愿了解品牌更多信息

所谓"显示后访问量",就是在观看视频的过程中或观看完后,对视频中

农产品短视频+直播

显示出来的企业、品牌和产品等进行搜索和访问的用户数量。显示后访问量越多,也就表示短视频营销效果越好。

【温馨提示】

这里所说的"观看完后",其所产生的影响是有时间限制的,指的是观看视频后促使用户访问的有效时间,而不是指观看完短视频后的所有时间。

相较于前文提及的点赞量、收藏量和转发量等对视频本身做出反应的数据,显示后访问量更多的是传达优质短视频对用户的行动所产生的后续影响。例如,人们在观看抖音达人视频时,看到达人推荐的产品好,自己也想了解和购买,就有可能去相关网站进行搜索和查看,了解该产品。

显示后访问量对于着力于提升品牌知名度和形象以及促进营销目标实现的企业来说,是一个必不可少的衡量短视频运营效果的数据。特别是一些只在短视频内容中展现主要亮点和重点优势的品牌和产品,用户如果想要购买和消费,必然会去了解更多详细信息,此时去访问相关网站成了必要的选择。

例如,若用户看到某一个短视频中景点的景色很美(图8-8),就会想要了解该景点的其他一些情况,如景点特色、历史和传说、门票费用,以及景区周边的住宿条件和费用、交通路线等,此时就会通过访问网站去了解。

图8-8 崇左文化旅游抖音短视频截图

二 品牌熟悉程度：更全面地了解品牌及产品

观看短视频及其后访问网站都是用户熟悉品牌和产品的过程。当然，对于运营者来说，无论是观看短视频还是其后访问网站，可能都是针对某一具体产品来说，无法形成对品牌的全部认知。

比如用户看到某一品牌的某一款产品的介绍，并在相关网站查看该款产品的具体数据信息，那么这种认知相对于整个品牌来说也是片面的。运营者需要在短视频和网站信息中打造一个能吸引用户的卖点，引导用户了解该品牌的其他产品，这样才能让用户更全面地了解品牌及其产品。

不管是熟悉某一品牌的某一个产品，还是全面了解品牌，都是对用户之于品牌熟悉程度的判断。关于品牌熟悉程度的评估，主要包括3个方面，见图8-9。

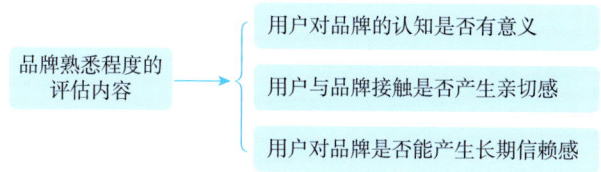

图8-9　品牌熟悉程度的评估内容

从图8-9所示的3个方面的内容来进行判断，可以把用户对品牌的熟悉程度分为5种，具体见图8-10。

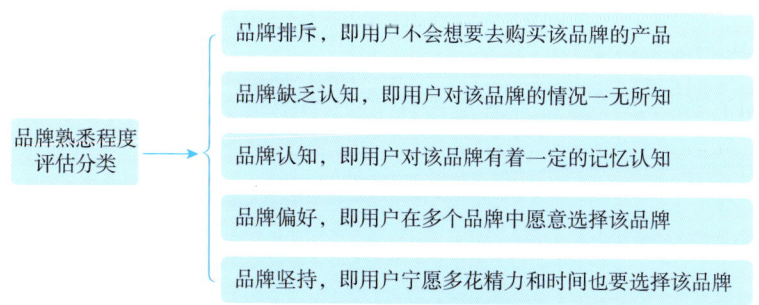

图8-10　品牌熟悉程度评估分类

在图8-10的5种分类中，如果得出的结果是更多的用户属于后两种——品牌偏好和品牌坚持，那么该品牌的品牌熟悉程度评估是很好的，所能获得的营销结果也会很好。

 农产品短视频+直播

 【温馨提示】

在评估短视频内容的品牌熟悉程度时，除了短视频内容本身之外，还要考虑其他基础性变量因素的影响，如品牌所占的市场份额、品牌的上市时间和其他媒体广告的宣传等。

三、品牌喜好程度：喜欢或厌恶品牌一目了然

相对于品牌熟悉度来说，品牌喜好程度的评估明显更进一层——只有通过短视频或其他内容形式对品牌有了一定认知，才会产生喜欢或厌恶的评判。如果一个人对一个品牌一无所知，则根本谈不上喜好。

图8-10中的"品牌偏好"可作为对品牌喜好程度的一种评估结果的表述。一般来说，人们喜欢把喜好程度分为5类，即非常喜欢、喜欢、一般、不太喜欢、不喜欢（厌恶）。

图8-10中的"品牌偏好""品牌坚持""品牌排斥"可分别作为"喜欢""非常喜欢""不喜欢"的评估分类。至于其他两类，其评估分类标准主要如下。

不太喜欢：用户对品牌有一点厌恶，在有其他选择的情况下一般不会购买该品牌的产品。

一般：用户对品牌不喜欢也不厌恶，在有其他选择的情况下选择该品牌产品的概率只有一半。

用户会对自己通过短视频或其他内容形式所认知的产品产生程度不同的喜好，并不是没有原因的，而是建立在两大方面的认知基础之上，见图8-11。

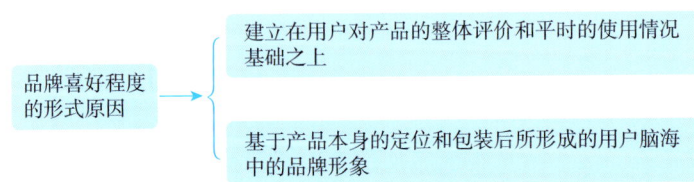

图8-11 品牌喜好程度的形成原因

(四) 购买意愿：4大阶段影响品牌的用户购买力

用户会因为短视频内容中的某一个兴趣点而产生访问行为，访问了之后会因为了解品牌程度的不同而表现出不同的品牌熟悉程度，而后又在有一定认知的基础上产生不同的品牌喜好程度。那么，之后呢？对视频运营者来说，就是尽量让不喜欢的用户喜欢品牌及其产品，将喜欢的用户尽量转化为消费者，产生实实在在的购买行为。

从喜欢到产生购买意愿，是需要一定条件的，需要在具备一定经济条件的基础上，或者是喜欢的品牌产品恰好是用户所需的，或者是短视频中提及的品牌产品虽然不是自己所需的但是却发自内心地喜欢等。

上文提及的购买意愿评估，其实就是在观看短视频之后用户有意愿购买该品牌的产品的用户数量。它是评估短视频效果的最重要因素。而想要通过短视频内容来促成购买行为，形成购买意愿，就需要在短视频中通过一定的诱因来达成目标。具体说来，短视频影响购买力的流程包括4个阶段，见图8-12。

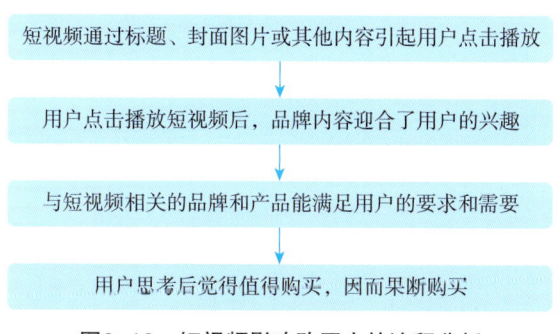

图8-12 短视频影响购买力的流程分析

(五) 品牌联想度：横向、纵向联想体现品牌魅力

所谓"品牌联想度"，顾名思义，即用户在看到与该品牌有关的信息时就会联想到这一品牌。例如，提到湖南卤味特产，绝味鸭脖必然是首选。可见，品牌联想度是对品牌营销效果评估方面的更高要求——是一种比"未见其人先闻其声"的先声夺人更具影响力的效果评判。

在品牌联想度评判中，有两种方向上的联想，一是横向，即从一个品牌联

 农产品短视频+直播

想到同类中的更具影响力的领先品牌；二是纵向，即从一个概念、理念联想到其所代表的典型品牌。

案例链接

图8-13所示为一个关于芙蓉古镇景区的抖音短视频案例。芙蓉古镇位于成都平原西部，距成都市区10公里，紧靠成都市区绕城高速公路，是典型的仿苏州园林风格建筑群。从视频中可以看到一个崭新的川西"芙蓉古镇"。看到这个视频，人们是不是会联想到乌镇、周庄等古镇的"领先"品牌呢？这就是横向品牌联想的魅力。

图8-13 关于芙蓉古镇的抖音短视频截图

主要参考文献

REFERENCES

［1］ 张波.O2O：移动互联网时代的商业革命[M].北京：机械工业出版社，2013.
［2］ 吕森林，韩智华.抖音就该这么玩：行业风向·内容制作·引流运营一本通[M]. 北京：化学工业出版社，2019.
［3］ 洪涛，张传林，李春晓.我国农产品电子商务模式发展研究（上）[J].电子商务，2014（16）：59-60.
［4］ 魏艳.零基础学短视频直播营销与运营[M].北京：化学工业出版社，2019.
［5］ 胡冰川.生鲜农产品的电子商务发展与趋势分析[J].农村金融研究，2013（8）：15-18.
［6］ 焦晏如.农产品电子商务发展模式及对策选择[J].农村经济与科技，2014（3）：82-84.
［7］ 中国食品（农产品）安全电子商务研究院.《2013—2014年农产品电子商务模式发展报告》[R]，2013.
［8］ 郑昊，米鹿.短视频：策划、制作与运营[M].北京：人民邮电出版社，2019.